监理（咨询）行业高质量发展 系列丛书

监理企业数字化转型

永明项目管理有限公司　张　平　主编

中国建筑工业出版社

图书在版编目（CIP）数据

监理企业数字化转型/永明项目管理有限公司，张平主编. —北京：中国建筑工业出版社，2022.12
（监理（咨询）行业高质量发展系列丛书）
ISBN 978-7-112-28142-8

Ⅰ.①监… Ⅱ.①永… ②张… Ⅲ.①建筑企业—监理工作—企业管理—数字化—研究 Ⅳ.①F407.9

中国版本图书馆 CIP 数据核字（2022）第 209569 号

责任编辑：张智芊
责任校对：张 颖

监理（咨询）行业高质量发展系列丛书
监理企业数字化转型
永明项目管理有限公司　张 平　主编

*

中国建筑工业出版社出版、发行（北京海淀三里河路9号）
各地新华书店、建筑书店经销
华之逸品书装设计制版
北京京华铭诚工贸有限公司印刷

*

开本：787毫米×1092毫米 1/16 印张：22 字数：352千字
2023年1月第一版　2023年1月第一次印刷
定价：198.00元
ISBN 978-7-112-28142-8
（40288）

版权所有　翻印必究
如有印装质量问题，可寄本社图书出版中心退换
（邮政编码 100037）

主　编

张平，工民建学士、工商管理硕士；高级工程师；陕西省建设监理协会副会长、西安市建设监理协会会长；永明项目管理有限公司董事长；从事建设工程管理工作30年，带领永明项目管理有限公司取得监理综合资质、工程招标代理机构甲级、工程造价咨询企业甲级等十多项综合业务资质。将企业打造成为行业一流、国内领先的工程建设信息化与数字化咨询服务企业。

助力创办陕西合友网络科技有限公司研发筑术云数字化智能管控服务平台，推动监理行业信息化建设与数字化转型升级，入围2020年数字陕西建设优秀成果和最佳实践案例，筑术云数字化智能管控服务平台被中国第十五届智慧城市大会评为优秀软件，永明项目管理有限公司被评为2022年智慧城市先锋榜优秀案例。

副主编

杨正权，国家注册监理工程师，高级工程师，中国建设监理协会会员。从事房屋建筑工程施工管理工作35年，其中从事工程监理15年，担任项目总监理工程师10年，积累了丰富的现场工程管理经验和现场监理工作经验。擅长工程进度控制、工程质量控制、工程投资控制、监理成本控制及协调、各类工程监理业内文件资料编制。现为永明项目管理有限公司技术负责人、副总经理，负责公司招标代理、造价咨询、工程监理、全过程工程咨询、网络信息化等技术工作。

主　审

朱序来，永明项目管理公司副董事长，陕西合友网络科技有限公司总裁，信息工程高级工程师、高级企业培训师；EMBA/MBA兼职教授；深圳市经济学会信息化与企业管理高级顾问，西安市建筑安装行业协会名誉会长/高级顾问。

30多年耕耘于企业信息化建设与工程咨询企业管理工作，先后为数十家企业信息化建设进行过整体方案设计和咨询培训，咨询培训超万小时。现为陕西省重大项目评审专家，国家民航局、陕西省政府采购信息与弱电评标专家；先后参与出版书籍五部，在国家级刊物发表论文数十篇。

中国建设监理协会 会长 王早生题字

序言

随着我国新一代信息技术的加快普及应用,数据已成为驱动经济社会发展的关键生产要素,也正推动着实体经济发展模式、生产方式深刻变革。在推动监理企业数字化转型过程中,要摒弃那些落后的固有模式。只有利用新一代信息技术对传统的管理、服务方式进行全方位、全角度、全链条的改造,才能提高建设工程领域全要素生产率,释放数字对建筑经济发展的叠加、倍增作用。

陕西合友网络科技有限公司利用互联网、云计算、大数据等技术,研发用于建设工程监理行业的数字化智能管控平台——筑术云,以数据说话、数据决策、数据管理的新理念,与用户共同推进建设工程监理行业数字化服务发展新领域、新格局。根据我省建设工程监理行业的具体情况,结合我省建设工程监理行业数字化转型关键共性问题和企业个性问题,研发出一批前期投入较小、见效较快、容易上手的转型方案及措施,降低了企业数字化转型的阻力。针对监理企业对建设工程质量、安全管控的痛点,开发出了能够解决工程质量、安全问题的筑术云项目智能系统。为我省共享筑术云的监理企业开放建设工程类数字化管理平台接口和数据等资源,并针对有个性化需求的监理企业进行二次开发。满足监理企业发展需求,提高监理企业不同要素间的资源配置效率,助力我省监理企业数字化转型升级,帮助我省监理行业实现对建设工程固有的管理模式变革。

"十四五"时期,是数字化、智能化时代,各种新业态、新服务、新模式不断涌现。永明项目管理有限公司深耕建设工程监理数字化多年,已具备成熟的企业数字化转型一体化解决方案和对企业数字化产品应用创新能力,在永明公司监理项目,智能手机、计算机、大屏显示器、无人机以及根据项目工程特点配备的智能检测仪器、设备及专家在线服务平台正成为永明智能监理新工具、新平台;所打造的标准化3.0项目也成为陕西省标准化文明工地、智慧工地。

  当前,我国疫情防控形势依然十分复杂,经济运行面临新的下行压力,各地各部门正在采取一系列举措,有效应对风险挑战,并维护我国建设工程领域产业链和供应链的稳定。2022年以来,永明项目管理有限公司从企业数字化转型需求着手,推动和促进我省建设监理行业数字化转型,不惜投入巨资建设1500平方米的"党建与数字化成果展示中心",助力我省建设监理行业数字化转型,为我省监理行业树立了榜样,成为我省建设监理行业数字化转型"领头羊"。今后,希望永明项目管理有限公司继续与协会及各监理企业携手并紧跟国家网络化、数字化的发展趋势,为推动陕西建设监理行业转型升级、经济高质量发展作出新贡献。

陕西省住房和城乡建设厅原总工程师
陕西省建设监理协会会长
2023年3月

前言

当前,我国企业数字化转型已成为数字经济发展中的关键要素和动力,数字化转型已不是企业的"选择题",而是关乎企业生存和健康发展的"必修课",这是普遍的认知和共识。数字化越来越成为推动经济高质量发展的驱动力。顺应数字化发展趋势,拥抱数字化,推动企业数字化转型升级,将为企业高质量发展赋能,为企业数字经济发展注入新的动能和活力。

在我国多项政策引导下,目前,监理(咨询)企业数字化转型取得了积极进展,但整体数字化水平依然很低。据有关数据显示,我国90%的监理(咨询)企业处于数字化转型探索阶段,7%的监理(咨询)企业处于数字化转型践行阶段,仅有3%的监理(咨询)企业处于数字化转型深度应用阶段,转型成功还在路上。

我国企业数字化转型主要存在以下两个方面的问题:

一是在监理(咨询)企业数字化转型过程中,不少监理(咨询)企业仍然存在不愿转、不敢转、不想转、不会转的问题。由于近三年受疫情影响,建筑市场面临下行压力,监理(咨询)企业数字化基础较弱,数字化转型需要从数据收集、管理流程、管理模式等底层结构开始,工作量大,耗时长,从初步实施到转型升级需要3~5年,短期内效益不明显。不少监理(咨询)企业因此有畏难情绪,不愿进行数字化转型。企业数字化转型也意味着企业数据需要上云,出于对企业财务、技术等商业机密数据的安全考虑,很多监理(咨询)企业不敢进行数字化转型。

二是监理(咨询)企业数字化转型面临着成本高、资金投入大、适用方案少、人才短缺等问题。监理(咨询)企业数字化转型是复杂的系统工程,需要对办公环境进行改造、购置信息化设备、运营和维护系统以及人才的配备和培训等方面投入大量资源，且需要一次性投入，这就要求监理（咨询）企业有一定的现金流。数字化转型需要有高素质人才，尤其是既懂专业技术又熟悉信息化数字技术的复合型人才，在监理（咨询）企业，这类人才普遍较为短缺。

面对当前在监理（咨询）企业数字化转型过程中，存在不愿转、不敢转、不想转、不会转的问题，我们应当创新支持监理（咨询）企业数字化转型方式，鼓励有条件的企业开放数据资源，提升上下游协同效率，带动部分监理（咨询）企业融入数字化应用场景和产业生态，解决不愿转问题；树立具有行业代表性的数字化转型标杆，通过提供示范引领，解决不敢转的问题；制定和完善企业数据安全的法规条例，保障企业数据资产权益和涉及商业秘密的数据安全，解决不想转问题；鼓励数字化服务商向监理（咨询）企业开放平台接口、数据、计算能力等数字化资源。针对建设工程领域，加强对工程监理（咨询）类数字化管控平台的开发，为监理（咨询）企业数字化转型提供更加实用易用、成本低廉的数字化管控平台、工具和服务，解决不会转问题。

面对监理（咨询）企业数字化转型面临的成本高、资金投入量大、适用方案少、人才短缺等问题，我们应当根据行业、企业的具体情况，结合行业数字化转型关键共性问题和企业个性问题，采取开发出一批前期投入较小、见效较快、容易上手的转型方案及措施，降低监理（咨询）企业数字化转型的阻力。针对监理（咨询）企业对建设工程质量、安全管控的痛点，开发一些解决监理（咨询）企业行业共性问题的轻量级应用，并针对个性化需求的监理（咨询）企业进行二次开发。满足不同维度的监理（咨询）企业经济发展需求，提高监理（咨询）企业不同要素间的资源配置效率，激发监理（咨询）企业创新思维、创新能力、创新活力，从而实现监理（咨询）企业数字化转型，实现对建设工程固有的管理模式变革。

数字化技术正渗透在监理（咨询）企业的方方面面，监理（咨询）企业应当抓住数字化转型机遇，实现华丽转身。那么数字化转型应从哪些方面着手呢？我们认为：应当建立大数据战略、平台战略、互联网战略、创新发展战略以及区块链、物联网等新技术应用战略，并制定战略目标；建立知识智能技术体系与数字化、流程化管理体系等组织架构，深化监理（咨询）企业数字文化、数字客户服务与转型标准化建设；找到企业数字化转型发展路径，应用平台化互联网商业模式等多项关键性内容。

在监理（咨询）企业数字化转型中，数据作为一种新型的生产要素，已经深度融入经济价值创造过程，对经济社会发展产生了深远影响。数据要素作为数字经济深化发展的核心引擎，贯穿于数字经济发展的全部流程，具有价值共享、批量复制、即时传输、无限供给等特点，有效突破了建设工程传统生产要素有限供给对建设工程质量、安全管控的制约。加强数据要素与其他智能生产要素的组合迭代、交叉融合，推动生产要素多领域、多维度、系统性、革命性突破，能够有效引领监理（咨询）企业实现从生产要素到生产力，再到生产关系的全面系统变革。因此，我们只有科学认识数字经济的全新业态，加快构建数字经济产业链、价值链，提升监理（咨询）企业数字化转型升级的能力，才能助力监理（咨询）企业数字经济高质量发展。

近年来，陕西合友网络科技有限公司积极贯彻落实《住房和城乡建设部等部门关于推动智能建造与建筑工业化协同发展的指导意见》（建市〔2020〕60号）文件，落实《中华人民共和国国民经济和社会发展第十四个五年规划和2035年远景目标纲要》和国务院发布的《"十四五"数字经济发展规划》，以及《"十四五"时期建筑业发展规划》，投资研发用于建设工程监理（咨询）行业的数字化科技产品——筑术云，并通过在永明项目管理有限公司承揽的西安城市轨道交通工程地铁6号、8号、10号线，西安航天基地，广西贺州，内蒙古达拉特旗，海南三亚崖州湾海垦顺达花园，杭州西站枢纽南区站城市综合体项目等多个大型监理（咨询）项目中运用，实施数字化监理（咨询）效果显著，得到了来自全国各地有关政府、行业和建设单位的一致好评。永明项目管理有限公司也通过应用陕西合友网络科技有限公司研发的数字化科技产品"筑术云"和数字技术服务，成功步入企业数字化转型发展快车道。

党的十九届历次会议做出加快数字化发展的重大部署，为我国数字化发展提出了总体要求，指明了发展方向。今天，我们立于高山之巅，远望东方，企业数字化转型已是喷薄欲出的朝日，正以磅礴之势，突破云雾，冉冉升起！它必将以摧枯拉朽的方式改变并制约经济社会发展的固有模式，突破企业面临的种种困境，为我国经济增长注入新鲜活力，促进我国经济社会跨越式发展。

针对当前监理（咨询）企业数字化转型中面临的问题，永明项目管理有限公司在2020年出版的《监理智慧化服务创新与实践》基础上，根据当前企业数字化转型发展趋势，结合我公司近三年在企业数字化转型过程中的探索与实践，编制出《监理企业数字化转型》一书，与《监理大纲编制一本通》《城市轨道交通工程监理要点》同为"监理（咨询）企业高质量发展系列丛书"。旨在为广大监理企业在数字化转型中提供借鉴和参考，并以此助力监理（咨询）企业快速实现数字化转型。

在《监理企业数字化转型》一书编制过程中，几易其稿，并参考、阅读了大量的关于企业数字化转型方面的论文、书籍，在充分领悟数字化、平台化、大数据、互联网及创新发展的思想理念下，经我公司副董事长、信息化高级工程师朱序来先生和副总经理、技术负责人杨正权先生严格把关，精心指导下，最终呈现在读者面前。此书共分八章内容：第1章数字化转型战略与目标，第2章数字化转型方法、路径与机制，第3章企业数字化转型商业模式与创新方法，第4章数字化转型产品应用，第5章数字化转型建设标准建设，第6章数据库建立与网络安全管理，第7章数字化转型成果案例，第8章数字化转型发展趋势。在本书第7章数字化转型成果案例内容中，对我公司在实施企业数字化转型过程中的成果进行了分享，其中党建引领部分重点编写了永明项目管理有限公司党支部应用企业数字化技术筑牢红旗百年党建阵地，发挥智慧党建引领作用，让"支部建在项目中，红旗插在工地上"，助力智慧城市、智慧工地建设，助力企业快速实现数字化转型发展。永明项目管理有限公司通过"学组先锋"智慧党建系统性学习活动，打破传统党建形式，为党建组织形式开拓了新思路，提高了企业党组织的建设质量，改变了建设工程监理行业固有的服务模式，走上了企业高质量发展道路。

本书得到了中国建设监理协会会长王早生先生的鼓励并为本书题写墨宝，在此特别感谢；同时，感谢陕西省建设监理协会会长高小平先生为本书作序；感谢中国建筑工业出版社张智芹先生等从出版专业角度严格审稿、校正使得本书质量得以提升。

　　本书在编制过程中，虽经反复推敲、核证，仍难免有不妥之处，诚望并万分感谢广大读者提出宝贵意见和建议。同时，书中采用了部分原著精髓及专家、作者的精辟论断，旨在与更多的读者分享，并由此表示感谢。

目录

第1章	数字化转型战略与目标	001
	一、数字化转型战略	002
	二、数字化转型战略目标	013

第2章	数字化转型方法、路径与机制	017
	一、数字化转型方法	018
	二、数字化转型路径	019
	三、数字化转型机制	030

第3章	企业数字化转型商业模式与创新方法	033
	一、互联网商业模式	034
	二、商业模式创新的方法	036

第4章	数字化转型产品应用	039
	一、筑术云数字化产品概述	040
	二、筑术云数字化产品优势	041
	三、筑术云三大核心技术应用	041
	四、筑术云数字化系统办公	044
	五、筑术云智能检查技术应用	145
	六、筑术云数字化监理工作	176

七、筑术云专家在线服务平台管理 …………………………… 182

八、新兴技术融合应用 …………………………………………… 193

第5章 数字化转型建设标准建设 — 201

一、企业数字化办公环境建设 …………………………………… 202

二、企业数字化办公设施建设 …………………………………… 202

三、项目监理（咨询）机构数字化设施（备）配置标准 ……… 203

四、项目可视化共享平台搭建标准 ……………………………… 205

五、企业数字化应用技术标准 …………………………………… 206

六、数字化办公模块建设标准 …………………………………… 208

第6章 数据库建立与网络安全管理 — 211

一、企业数据库的建立 …………………………………………… 212

二、数字化网络安全维护 ………………………………………… 216

三、企业信息系统安全管理 ……………………………………… 223

第7章 数字化转型成果案例 — 227

一、企业数字化宣传案例 ………………………………………… 228

二、企业数字化培训成果案例 …………………………………… 237

三、党建引领监理行业数字化转型案例 ………………………… 239

四、支部建在项目中　党旗飘在工地上 ………………………… 241

五、项目数字化应用成果分享 …………………………………… 244

六、行业数字化转型经验交流 …………………………………… 251

第8章 数字化转型发展趋势 — 257

一、去物理化 ……………………………………………………… 259

二、去物质化 ……………………………………………………… 259

三、去边界化 ……………………………………………………… 260

四、去人工化 ……………………………………………………… 260

五、去管理化 ……………………………………………………… 261

六、去单位化 ·· 262
七、去中心化 ·· 262
八、去中介化 ·· 263
九、去拥有化 ·· 263
十、去确定化 ·· 264

附　录 ·· 265
参考文献 ·· 331

第 1 章 数字化转型战略与目标

一、数字化转型战略

随着互联网深入渗透各个行业,企业拥抱互联网技术的程度越高,它们的运营将会越高效,并能提高企业的生产效率。监理企业向数字化转变是一个颠覆性过程,需要对以往固有的经营模式、企业文化、战略、运营组织模式乃至企业外部合作等方方面面进行反思。这一过程产生的利好十分巨大,因为成功而全面的数字化转型能使企业的经营效率提升50%。因此,作为建设工程监理企业的领导者,我们需要着力思考以下八个方面的战略问题。

(一)重塑战略

在新的互联网时代,建设工程监理行业市场竞争日益激烈,处于弱势的监理企业只有敏捷而务实才能生存。随着行业界限的日益模糊,竞争可能随时都会产生。例如,互联网孕育了全新的"共享经济",滋生出"共享单车""共享汽车",客户从买车转为拼车。这种变化,彻底改变了原有的单车专卖和个人购买单车行为。

在这些案例中,新兴的技术企业往往比传统行业的领先企业更善于通过挖掘数据以提升其市场洞察力和竞争优势,后者则会选择收购新兴企业或与之合作来实现跨越式发展。

互联网为新兴企业赋予了迅速进行低成本扩张的能力,一举甩掉老旧体系和"通常做法"的包袱。过去,经营监理业务单一,服务质量较差;现在,应用信息化、数字化管控技术备受业主青睐。随着造价资质被取消之后,政府提倡的全过程工程咨询正迅速兴起,新的机遇带来新的挑战。传统民营监理企业(包括国有)必须适应这样的挑战,必须实施企业数字化转型,否则就会陷入困境。因此,企业领导人必须对原战略进行调整,重塑新的战略。新的战略要能够彻底改变公司的经营方式，不单单是从单一的工程监理向全过程工程咨询转变，更要向信息化、数字化方向转变。企业数字化转型需要技术、人才和其他方面的投入，短期内影响企业的成本经济结构，但转型后的数字化企业将会在未来获得巨大效益。

（二）客户战略

实施数字化转型的企业必须以客户的需求指导我们经营工作的各个方面。鉴于我国建设市场的巨大规模，企业长期以来侧重于大规模生产建设和市场渠道。但在未来的数字化市场，为了迅速应对客户的新需求，企业可以转向网络化选择更广泛的供应商，获取更详细的客户洞见，推出更先进、更科学的管理模式、服务模式，以更精准地满足客户需求。除了产品（技术服务），客户还期望覆盖线上线下和移动等各类平台的无缝连接、便利快捷和具有个性化的用户体验。因此，无论是企业宣传还是产品服务都必须精心设计，确保在打造的企业互联网平台更具吸引力。在当前经济社会中，我们的每一位客户都是社交网络的拥趸，因此加强网络社交连接、搭建网上社群将是企业建立口碑和品牌忠诚度最有力的策略。

数字时代留住客户的关键，在于以建立长期信任的方式管理客户，利用数字技术、科学的管理手段为客户提供有价值的服务。实施数字化转型，搭建数字化管控平台，企业必须让新的客户群体参与，共享数字化平台，从中了解客户的个性化需求，并在各个业务流程化服务环节中为客户提供增值服务，才能赢得客户的长期信任，得到新的续单。

（三）运营战略

企业数字化转型的运营应采用互联网模式，对旧的运营和业务模式实行根本性变革，同时还要更灵敏。首先，企业领导层必须胸怀远大目标和明确战略进行数字化转型。当前，随着5G技术、数字经济的发展，我国建设由老基建向新基建转变，企业随意性试验或是毫无规划的数字化转型并不可行。企业在专注于客户端的同时，还需要着力于将互联网数字技术融入企业服务端功能建设中，从而提升运营效率和降低成本。公司必须清楚要借助于互联网数字技术实现哪些目标，并且制定涵盖企业领导、员工、观念、文化、流程和人才培训与组织结构的全盘战略。

整合大数据可能是一个令人生畏的命题，但是它能帮助企业优化决策、改善资源分配，以及更好地倾听客户需求。大数据能否得到有效利用取决于是否秉承持续试验的心态，以及源源不断的人才来设计试验、分析日益多元化的大量数据和创建有说服力的直观图形和故事，帮助决策者更有效地利用大数据来分析结果。

在我国经济高质量发展的背景下，企业必须制定灵活的多渠道运营模式。互联网开创的透明化定价压缩了利润空间，精益化变得极为关键。打造线上线下的无缝体验不仅对客户很重要，对公司的整个运营效率也极为关键。

（四）人才战略

目前越来越多的企业应用互联网数字技术，人才问题也日渐突出，尤其缺少与大数据和高级分析相关的专业数字化人才，因此，未来对兼具相关行业知识和高技术、高技能人才的需求会很大。

除了外聘人才，公司还需要培养内部人才梯队。这项工作包括加强行业合作，与教育培训机构联手，或联合建立培训机构，或以标杆项目作为人才孵化基地来培养自身需要的人才。例如，永明项目管理有限公司（以下简称"永明公司"）除了成立本公司的商学院以外，还利用公司打造的数字化监理标杆项目建立培训实战性基层数字化技术应用人才的孵化基地，不仅可以为企业自身培养更多刚需性的具有信息化、专业化技术复合型人才，而且还为国内同行业培训了很多这方面的技术人才，在行业享有盛名。这种方式可以减轻企业培养人才的成本。这种"以战养战"的培训侧重于保留员工而不是替换现有员工，这样可以省去招聘和培养新员工的成本，还可以避免由于裁员而减少昂贵的社会成本。企业家的宗旨是为社会作出贡献。永明公司的企业家使命和宗旨是为不同家庭构筑美好的幸福家园，为社会作出贡献。"人才强企，文化兴企"，学习型组织助力永明公司行稳致远。

"敬教劝学，建国之大本；兴贤育才，为政之先务"。永明公司作为中国建筑服务行业数字化智能化转型的先行者，从初创之际就高度重视人才的引进培养与学习型组织建设，通过成立专家委员会、企业商学院等诸多有力措施，为公司的持续健康发展，提供不竭的人才保障与智力支持。

2015年7月，为适应行业转型及发展、推动公司管理与技术决策的科学化和合理化，公司根据自身发展情况，成立由业内专家、优秀分公司负责人等组成的专家委员会，为公司发展出谋划策、领航定向。专家委员会作为公司的智囊团队，始终将团队学习和充电赋能放在首位。在团队成立以后，公司每年斥资数百万，支持其到我国如广州、深圳等城市，以及远赴日本、英国和美国等国家进行游学考察和交流学习。在专家学习归来后，第一时间会将学习成果转训落地，并应用在公司的管理和服务之中。

面对建筑服务业信息化人才需求量大、从业人员素质参差不齐的现状，为贯彻"学习强企，人才先行"的经营发展战略，永明公司于2019年6月正式成立永明商学院。商学院以"为员工提供系统化学习解决方案，再造企业经营管理水平"为成立宗旨，以"做行业第一的人才复制摇篮"为发展愿景。旨在通过内外兼修、外引内联的方式不懈努力，在全公司形成团队学习、全员学习、终身学习的良好学习氛围。

商学院现下辖信息技术学院、营销学院、业务学院、财务学院、全过程工程咨询学院五个分院，设置教研组、专家组、教练组和讲师团四个工作组。为保障培训效果，商学院耗资引进和聘请各类讲师，壮大师资力量，目前拥有各类专兼职讲师30余人。其中，顾问专家2人，硕博士导师5人，各类一级注册讲师16人。

商学院自成立以来，始终坚持理论培训与实践锻炼、线上培训与线下培训、重点培养与全员培训相结合的方式，通过与外部培训机构合作和聘请外部专家的方式，累计开展培训359场，累计参培27091人次。

永明公司对商学院培养模式和运行体系的不断探索和投入，是企业创始人关怀员工、助力员工成长，关爱客户，铸就客户成功的有益实践，充分体现了永明公司打造永明人才梯队，推动行业转型升级的担当与使命。

对标第一，才能成为第一。面对建筑服务行业市场竞争的日益激烈，2016年，永明公司与行动教育合作，邀请中国大营销管控理论创立者、行动教育销售管控模式首席导师陈军担任永明营销总顾问，并在行业内率先引进大营销管控体系。通过编辑销售秘籍，进行秘籍辅导来扩充队伍，培养团队。

至今，永明公司管理团队累计参加行动教育浓缩EMBA（赢利模式）181人，校长EMBA（校长汇）15人，校长哲学班2人，绩效增长模式48人，大营销管控5场，累计受训人数280人。自2016年至今，与行动教育战略合作的6年间，永明公司在信息化人才培养教育方面累计投入1200余万元。

公司持续打造学习型组织，既是对人的价值高于物的价值的核心价值观的践行，又是高度重视信息化人才队伍建设，倡导员工终身学习。在张平董事长正确的人才培养战略指导下，如今持续学习、尊重人才的尚学之风，早已深深印在了每个永明人的文化基因和精神内核之中。

（五）联盟战略

建立平台化企业合作经营模式，人人都是管理员，人人又都是服务员。公司是一个交互式平台，所有的智慧碰撞与知识转换，都是通过这个平台得以实现。因此在公司管理上，每一个员工都是公司的合作者，更是公司的风险承担者，这种模式叫作企业内部合作联盟模式。

在互联网时代，产业链中的主要活动并不必然要全部留在公司内部。以软件业为例，程序员、嵌入式系统、软件开发工具和API、插件等共同形成的生态系统，不仅创造了附加值，还提升了产品的"黏性"。类似地，其他行业也需要考虑上游供应商以及下游供应商与客户，关注产业链上的各个环节如何融合到新的平台上。成功的电子零售市场可以为数字化商家提供物流、营销或支付服务。谷歌公司和苹果公司都支持开发者社群，以不断增加和提高各自平台上App的数量和质量。旅游门户网站汇集了产业链上的航空公司、酒店、汽车租赁公司和保险公司等，用户可以轻松地制定完整的行程。那么建设工程领域里的工程施工、工程设计、咨询管理行业也应当关注工程建造或监造产业链上的各个环节如何融合到新的工程智能建造、智慧监造平台上，为智慧城市建设提供数字化技术与智慧化服务。例如，永明公司应用筑术云建立数字化、智慧化共享共管平台和社交平台，协助陕西合友研发数字化应用技术产品的PC端和移动端，不断增加和提高平台上App的数量和质量。

为实现最大化商业生态价值，行业与行业之间、行业内竞争对手都可以成为联盟。联盟企业应当制定统一标准，建立相互约束机制，共同打造更广阔的经营市场。

随着企业拥抱互联网、拥抱数字化程度的提高，中国经济即将迎来一次大规模转型。麦肯锡全球研究院过去的研究发现，一个国家的互联网成熟度与其实际的人均GDP增长密切相关。换句话说，这一转型将推动经济的增长和生产力的提升，从而带动人民生活水平的提高。作为建设工程管理类企业应当积极拥抱互联网、拥抱数字化。在互联网模式下实行数字化转型，建立新型合作联盟企业的商业模式将带来颠覆性的变化，那些在激烈竞争中胜出的创新型联盟企业将创造出不可估量的价值。

（六）数字化平台战略

1. 打造成体系的数字化组织决策平台

对于传统监理企业来说，在数字化变革的浪潮下，企业应加速实现数字化组织决策体系的转型与重构，更好地满足企业的发展需求，有效地实现资源配置精准化以及组织管理数字化、网络化等目标。

传统监理企业应当不断优化和改进自身业务，加快建设企业内部数字化组织能力，尤其是数字化管理创新，以及数字化运营能力层面，必须要加大建设力度，企业组织效率的提升，也会推进企业的可持续发展进程。

2. 打造有能力的数字技术创新支撑平台

一般而言，所谓的数字技术创新平台，具体是指融合应用数字技术，对数据信息资源进行科学聚合。传统监理企业通过对数字技术创新能力平台的合理构建，不仅可以辅助企业实现数据全产业链管控的目的，还可以在监理市场竞争方面获得更多的竞争优势。从宏观角度分析和研究得知，这一平台的科学利用，能够有效促进各社会要素生产率的全面提高，切实达到技术普惠的目的和效果。并且，从当前我国各大型企业的整体发展水平看，有三条路径能够辅助企业数字技术能力创新平台建设。第一，以互联网企业为主的能力输出型平台。包括华为、阿里云等。这类平台具有丰富的经验，大力推动了企业数字化转型的良好发展。第二，高等数字技术创新平台。借助该平台，科学联动企业开展数字技术攻关以及产业化，对企业数字核心能力的整体建设具有较强的推进效果。第三，具体行业场景的数字技术应用平台。这类平台大多以行业领军型企业为主，进行有效搭建，在细分行业深度以及广度的层面上，积累了较为丰富的经验，如永明项目管理有限公司助力陕西合友网络科技有限公司研发的"筑术云"，专门为建设工程参建方打造建设工程数字化网络智能管控平台；为工程建设提供数字化应用技术与智慧化服务。

3.谋划宽覆盖的行业数字化转型公共服务平台

传统监理企业在经营过程中，经常忽视对数字化核心能力的建设，再加上近年来民营企业资金流紧张，更导致企业在转型期间面临更多现实困难，诸多因素的存在导致这类中小型监理民营企业已经成为我国数字化转型的弱势群体。因此，为了更好地解决这些问题，一定要有效建设行业数字化转型公共服务平台。在具体的建设阶段，应深入推动各地区监理企业上云的工作模式，借助行业云平台，汇聚各类具有服务意愿以及能力较强的数字化工程监理（咨询）企业，确保其可以为中小型监理企业提供更多的数字化技术以及平台化服务，不断解决中小型监理企业数字化转型过程中出现的难点和问题。目前，陕西合友网络科技有限公司已为陕西省建设监理行业免费提供应用筑术云3.0数字化管控平台，普惠全省监理（咨询）企业，以帮助他们实现数字化转型。

（七）品牌战略

品牌对于企业生存和发展的重要性已众所周知，品牌战略已成为众多知名企业在市场竞争中立于不败之地的法宝。但目前，我国为数不少的企业领导层在对品牌的认识上普遍存在着一个误区。许多企业领导者一说起品牌，往往把品牌仅看成是商品的一种标识，认为创立品牌就是多注册几个商标，多开发几个产品，而没有看到品牌深层意义上的含义。

1.品牌及品牌战略的含义

通常意义上说，品牌就是商品的标志，是一种产品外显形态与内在质量相统一的名称、标记或符号，借以区分不同企业或竞争对手。因此，品牌就是注册商标。但是，从品牌的本质意义上说，其不仅是一个商标，它也是消费者对产品的感受。一种商品或服务要想成为品牌，必须具备两个条件：第一，要获得国家政府部门或权威机构的认可；第二，必须得到消费者的认可。

品牌战略，顾名思义，是企业以品牌的营造、使用和维护为核心，在分析研究自身条件和外部环境的基础上所制定的企业总体行动计划。从实际操作来看，品牌战略就是选择、包装、培育、宣传和保护某一品牌，使之逐步享有盛誉，并充分发挥名牌效应来促进品牌和企业本身发展壮大。

2.企业实施品牌战略的目的

第一，创造极高的知名度。高知名度是企业产品和服务得以顺畅销售的重要因素，也是企业一笔巨大的无形财富。

第二，创造较高的信誉度。高信誉度是企业经营者和全体员工多年乃至几代人艰苦奋斗、精心经营所形成的本企业及产品在市场消费者心目中的良好印象。对消费者而言，较高的信誉度意味着质量、高技术含量和良好的服务水平；对合作企业而言，较高的信誉度意味着可靠和值得信赖。在市场经济条件下，只有讲究信誉，企业才能得到市场主体的认同，才能得到长远的发展。

第三，创造较大的市场份额。市场份额可以从市场覆盖面和市场占有率两个方面考虑。企业通过品牌战略的实施，能够在提高企业品牌知名度、信誉度的同时，增加企业产品和服务的市场份额，这是企业取得良好效益的保证。

第四，创造巨大的经济效益。成功的品牌战略可以使产品有较大的销售市场，而且能够在市场上以比同类产品更高的价格出售。因此，名牌产品和良好的服务能够实现巨大的销售额和高额的利润，给企业带来丰厚的商业利润。

由此可以看出，品牌战略的直接目的就是扩大企业产品和服务在市场中的影响，借以增加市场份额，取得巨大经济利益。从长远来看，品牌战略则是要实现品牌和企业的壮大和持续发展。

3.我国企业实施品牌战略的现状及存在的问题

对我国本土品牌的发展历程进行分析可以发现，不少知名品牌两三年后就烟消云散，不见踪影；还有不少投入大、收益小的低效率品牌至今仍在苦苦支撑。

（1）品牌定位不科学

目前，除少数企业品牌定位比较清晰外，其他大多数品牌还处于发展阶段，定位不是非常清晰。品牌特色的普遍模糊化，使其差异化优势难以突出。

（2）重销量、轻质量现象严重

质量是品牌的生命。古今中外，能够独领风骚的著名品牌无一不是高品质的象征。然而在国内很多中小企业的营销计划中，常常一味强调销售量的提升，把产品销量作为企业追求的目标，认为做销量就是做品牌，只要销量上来了，品牌自然会得到提升。

（3）将广告当成创品牌的唯一法宝

目前，国内许多企业都认为只要加大广告投入，就可以促进产品销售，树立一个品牌。实际上，品牌知名度可以在短期内实现，而品牌信誉度却是品牌建设的一项长期工程，是在品牌长期的运作中建立的资产；作为保持品牌稳定销售的主要指标——品牌忠诚度，不是仅依靠广告就能实现的。

（4）品牌缺乏核心价值

品牌的核心价值是品牌的精髓。一个品牌独一无二且最有价值的部分通常会表现在核心价值上。例如，海尔的核心价值是"真诚"；品牌口号是"真诚到永远"，其星级服务、产品研发都是对这一理念的诠释和延展。再如，筑术云的核心价值是"科学管控千里眼，优质工程护航人"。全力维护和宣扬品牌核心价值已成为许多国际一流品牌的共识，是创造百年金字招牌的秘诀。

4. 企业实施品牌战略的策略

（1）增强品牌战略意识

要不断学习现代商业知识，了解国内和国际商业发展的形势，树立强烈的品牌开发战略意识，审时度势，以高度的责任心和紧迫感实施和推进本企业的品牌战略。实施品牌战略，是争夺市场份额、求得企业生存和发展的手段之一。

（2）选准市场定位，确定战略品牌

实施品牌战略不仅是开发更多的品牌商品，而是要经过市场调查，从本企业的实际出发，利用自身优势，开发一两个核心品牌。然后，再利用品牌优势带动发展其他同质化的消费品，当然开发的同质化商品要体现出异质性，唯其异质性才是品牌开发的关键所在。

（3）重视品牌的文化底蕴

品牌本身不单纯是指它的名字，更重要的是其有着深厚的文化底蕴，品牌的文化传统和价值取向已成为当今研究品牌竞争战略不可缺少的要素。首先，传统文化是品牌塑造的内在动力。市场竞争的主要形式是品牌竞争，而塑造品牌的根本是文化因素，即品牌所蕴含的文化传统和价值取向，它是决定品牌能否持久占据市场的关键。美国斯坦福大学列举出世界百家知名品牌，在这些品牌中，有一个共同的特点就是其品牌创立的历史较长，有一半以上在百年左右，如宝洁、强生、IBM、可口可乐等，这些品牌的影响力几乎到达地球的每个角落。诸如我国的同仁堂、全聚德等老字号，在中国人心目中的形象也是历久弥坚。再如，"永明"品牌在建设工程领域已享有盛名，"筑术云"数字化产品作为信息化管理软件在工程管理行业也已有一定的知名度。可见，品牌是一种文化传统的时间沉淀过程。因此，品牌中沉淀的文化传统是品牌中最宝贵的无形资产。

（4）努力做好品牌的宣传推广

现在，人们都已经明白了广告在品牌宣传推广中的重要作用，并注重对广告的投入。但是，很多公司忘记了自己没有定位，没有相应的组织管理，没有客户关系管理，没有绩效考核，没有一个体系来支撑，因此，很多品牌都是昙花一现。

（5）不断实施品牌创新

品牌创新是提升品牌竞争力和保持企业核心竞争力的重要保障。IBF国际品牌联盟副主席弗郎西斯·麦奎尔说过：企业要持续不断地对品牌予以关注，围绕品牌的核心价值观不断创新，不断巩固企业品牌在消费者心目中的形象。现代经济中的品牌创新，其本质是一种"全面品牌创新"，包括了产品、组织、技术、价值、传播、营销、管理、市场等方面内容的创新，是以品牌创造和品牌培育为核心的综合性一体化创新。

（6）重视品牌管理

产品和品牌竞争日趋激烈，众多新品牌不断涌现，企业必须重视品牌管理。企业的品牌管理是"一条龙"作业，从市场目标、品牌竞争策略、品牌延伸思路等诸方面的设定，到营销战略的制定、流通渠道的开拓、广告制作、媒体服务等都必须精心策划，使之规范化、标准化和程序化。

（7）要有强烈的自我保护意识和有效的自我保护手段

品牌产品最易成为侵权假冒的对象，因此其拥有者要时刻注意保护自己的合法利益，并采取相应的防范措施，加强品牌资产的保护，防止盗用品牌的行为，为品牌的成长创造良好的环境。企业要增强法律意识，维护品牌的合法权益，通过成立企业间的品牌保护协会，打击假冒品牌行为，明确品牌资产的产权归属，保护好企业的品牌资产不受侵犯。在商标注册的策略上多动脑筋，利用各种渠道和手段及时发现假冒和侵权行为，尽快向有关部门报告，有效地利用传播媒介对假冒等不法行为曝光，并积极配合执法部门进行查处。采用一些有效的科技防伪标识，广泛向社会介绍识别真伪商标的知识和技巧。

5. 品牌创建注意事项

（1）产品质量要好

产品质量是品牌的灵魂，是企业的生命，不断提升产品质量是企业生存与发展的根本。同时，也是使消费者产生信任感并重复购买甚至长期购买的直接原因。

（2）企业文化中融入品牌意识

一方面，企业要大力向消费者宣传自己的品牌；另一方面，要使企业员工深刻了解品牌的意义。

（3）诚信是品牌建设的一个关键

在品牌建设中，诚信尤其重要。品牌标志着企业的信用和形象，是企业最重要的无形资产。

（4）建立品牌战略

每个企业都有自己擅长的和不擅长的。在品牌打造方面，要认准自己的长处和短处，扬长避短；依据自身的特点，打造出具有自己核心竞争力的优秀品牌。

在经济全球化的今天，市场竞争日益激烈，企业要想立于不败之地，必须实施有效的品牌战略。在未来竞争中，企业究竟应采取什么样的品牌战略，不同的企业有不同的选择，同一个企业在不同的时期或不同的市场也有不同的选择。但无论如何，获得市场的认可才是检验品牌战略运用是否恰当的根本标准。只有想方设法牢牢吸引客户的眼球，实实在在地实现客户不断变化的愿望，才能真正形成自己的品牌。

(八)组织创新战略

当前，以数字经济为主战场的新经济在全世界正在全面展开，企业要想获得更好的发展，就必须完成数字化转型，乘上数字经济的列车。虽然我国大部分企业还处在数字化转型的不同阶段，但是数字化转型的核心是人、组织能力和数字化领导力，所以对数字化组织创新在认识上做一些准备、实践中做一些尝试是非常必要的。

企业数字化转型中的组织创新需要重塑战略，完成流程驱动向数据驱动的变革。数字化时代企业运营的本质特征是数字化、核心要素是数据，企业数字化转型要完成流程驱动向数据驱动的转型，企业数字化转型中组织创新的目标是构建数据驱动型组织，这是一场深刻的变革。组织创新包括组织结构和管理方式的创新，涉及组织架构、企业边界、文化基因、人才队伍、领导力等一系列变革和创新，具有全局性和系统性。要完成这样一场深刻的变革，首先要完成企业战略的重塑。持续获得竞争优势，是企业战略管理唯一的任务，在数字化时代企业竞争力的根本来源就是数据驱动下的企业综合能力，包括数据驱动下的运营能力、产品能力和服务能力，以及企业同客户及整个生态的共情互动能力。所以数字化转型对于企业来说，既是战略也是战术，把构建数据驱动型组织作为公司战略，并在这样的战略统领下完成组织创新的各项任务，使数字化转型由前期的局部突破变成整体转型和系统变革，成为一个真正适应数字化时代竞争的数据驱动型企业。

二、数字化转型战略目标

(一)落实《住房和城乡建设部等部门关于推动智能建造与建筑工业化协同发展指导意见》(建市〔2020〕60号)文件

到2025年，我国智能建造与建筑工业化协同发展的政策体系和产业体系基本建立，建筑工业化、数字化、智能化水平显著提高，建筑产业互联网平台初步建立，产业基础、技术装备、科技创新能力以及建筑安全质量水平全面提升，劳动生产率明显提高，能源资源消耗及污染排放大幅下降，环境保护效应显著。推动形成一批智能建造龙头企业，引领并带动广大中小企业向智能建造转型升级，打造"中国建造"升级版。

到2035年，我国智能建造与建筑工业化协同发展取得显著进展，企业创新能力大幅提升，产业整体优势明显增强，"中国建造"核心竞争力世界领先，建筑工业化全面实现，迈入智能建造世界强国行列。

（二）落实《"十四五"建筑业发展规划》发展目标

1. 2035年远景目标

以建设世界建造强国为目标，着力构建市场机制有效、质量安全可控、标准支撑有力、市场主体有活力的现代化建筑业发展体系。到2035年，建筑业发展质量和效益大幅提升，建筑工业化全面实现，建筑品质显著提升，企业创新能力大幅提高，高素质人才队伍全面建立，产业整体优势明显增强，"中国建造"核心竞争力世界领先，迈入智能建造世界强国行列，全面服务社会主义现代化强国建设。

2."十四五"时期发展目标

对标2035年远景目标，初步形成建筑业高质量发展体系框架，建筑市场运行机制更加完善，营商环境和产业结构不断优化，建筑市场秩序明显改善，工程质量安全保障体系基本健全，建筑工业化、数字化、智能化水平大幅提升，建造方式绿色转型成效显著，加速建筑业由大向强转变，为形成强大国内市场、构建新发展格局提供有力支撑。

（1）国民经济支柱产业地位更加稳固。高质量完成全社会固定资产投资建设任务，全国建筑业总产值年均增长率保持在合理区间，建筑业增加值占国内生产总值的比重保持在6%左右。新一代信息技术与建筑业实现深度融合，催生一批新产品、新业态、新模式，壮大经济发展新引擎。

（2）产业链现代化水平明显提高。智能建造与新型建筑工业化协同发展的政策体系和产业体系基本建立，装配式建筑占新建建筑的比例达到30%以上，打造一批建筑产业互联网平台，形成一批建筑机器人标志性产品，培育一批智能建造和装配式建筑产业基地。

（3）绿色低碳生产方式初步形成。绿色建造政策、技术、实施体系初步建立，绿色建造方式加快推行，工程建设集约化水平不断提高，新建建筑施工现场建筑垃圾排放量控制在每万平方米300吨以下，建筑废弃物处理和再利用的市场机制初步形成，建设一批绿色建造示范工程。

（4）建筑市场体系更加完善。建筑法修订加快推进，法律法规体系更加完善。企业资质管理制度进一步完善，个人执业资格管理进一步强化，工程担保和信用管理制度不断健全，工程造价市场化机制初步形成。工程建设组织模式持续优化，工程总承包和全过程工程咨询广泛推行。符合建筑业特点的用工方式基本建立，建筑工人实现公司化、专业化管理，中级以上建筑工人达1000万人以上。

（5）工程质量安全水平稳步提升。建筑品质和使用功能不断提高，建筑施工安全生产形势持续稳定向好，重特大安全生产事故得到有效遏制。建设工程消防设计审查和验收平稳有序开展。城市轨道交通工程智慧化建设初具成效。工程抗震防灾能力稳步提升。质量安全技术创新和应用水平不断提高。

（三）制定企业数字化转型发展目标

（1）随着国家数字经济时代的来临，国家政策的出台，我国经济的未来之路更加明确，那就是坚持用数字化发展数字经济。促进数字技术在全过程工程咨询行业的深度应用，引领行业转型升级。正如习近平总书记在《不断做强做优做大我国数字经济》一文中讲的"数字经济发展之快、辐射范围之广、影响程度之深前所未有，正在成为重组全球要素资源、重塑全球经济结构、改变全球竞争格局的关键力量"要"推动数字经济和实体经济融合发展"。企业未来发展之路也必须走数字经济发展道路。

（2）落实2035年远景目标和"十四五"时期建筑业发展目标，未来几年，随着建筑工业智能化，在数字技术赋能下，企业数字经济新场景入口逐步显现，数字经济规模不断发展壮大。企业数字化创新发展能力不断提高，企业应用数字技术水平明显增强，市场竞争力和影响力大幅提升。

（3）企业数字化运营基本要素和数据资源市场应用体系推动建设工程施工、管理全价值链协同发展，企业数字经济成倍增长，员工收入大幅提高。

（4）公司产业数字化转型迈上新台阶。数字化、网络化、智能化更加深入各项目监理（咨询）全过程，产业数字化转型的支撑服务体系全面完善。

规范化、数字化监理体系得到普及，固有的监理（咨询）模式彻底改变，工程质量显著提高，施工安全得到根本性的保障。

（5）数字技术的应用与服务大幅提高，核心竞争力明显增强，并基本满足用户需求，在智慧城市、智慧工程、绿色低碳建设领域处于明显优势，社会效益大幅提高。2025—2035年，企业应用大数据技术搭建数字化技术平台将全方位支持万亿工程咨询市场，使这个万亿工程咨询市场的管理与服务进一步走向科学高效，实现建设工程监理企业高质量发展。

第 2 章　数字化转型方法、路径与机制

企业数字化转型是一个系统工程，既涉及商业模式选择、模式创新，又包括数字化转型方式方法、转型路径和转型机制。具体而言，企业数字化转型的路径分初期、中期及后期三个阶段，从认知、组织、人才、业务和工具等方面规划企业数字化转型路径与转型机制。

一、数字化转型方法

数字化转型方法有以下七种。

1. 实现理念的转型

实现理念的转型即打破传统思维与经营模式，是数字化时代监理（咨询）企业实现数字化转型及生存发展的必由之路，未来监理企业的数量和从业人员大幅减少，是必然结果。

理念决定行为、行为决定结果，要实现企业的全方位数字化转型升级，各级管理者特别是企业负责人必须首先实现理念的转型升级。

只要思想认识到位、方式方法得当，困扰企业的信息化建设与数字化转型升级，将会迎刃而解。

2. 建立健全组织机构

首先应成立以企业负责人为核心领导的数字化转型领导小组（委员会），并做到六个明确，即工作分工明确、岗位职责明确、工作标准明确、业务流程明确、考核标准明确、奖罚标准明确。

3. 制定数字化转型战略

战略的主要内容包括切合企业实际的目标、科学实施路径与方法、数字化转型商业模式和转型人才与制度保障。

4. 选择数字化转型商业模式

企业数字化转型商业模式包括组建团队自主研发模式、向软件开发商定制、选购成熟商业软件和企业整体业务外包。

5. 做好"四个再造"、达到"八个匹配"

"四个再造"主要内容包括组织与制度的优化与再造、标准与流程的优化与再造、业务与管理的优化与再造和方式与方法的优化与再造。"八个匹配"主要包括战略与系统匹配、组织与系统匹配、人才与系统匹配、制度与系统匹配、管理与系统匹配、标准与系统匹配、流程与系统匹配和文化与系统匹配。

6. 制定数字化转型标准

主要有三大标准：数字化建设标准、数字化应用标准和数字化评价标准。

7. 狠抓培训、做到"四会"

培训"四会"的具体内容，包括全体人员会熟练操作使用信息化系统；领导会用信息化系统管理企业，项目人员会用信息化系统管控项目；全员会对外讲解介绍信息化系统及其应用效果；以及领导和市场人员会用信息化系统拓展市场，承揽更多优质业务。

二、数字化转型路径

在监理企业数字化转型过程中，大型监理（咨询）企业和中小型监理企业的路径有所不同。大型监理（咨询）企业具有体量优势，可以有效链接产业链的上下游企业。因此，大型监理（咨询）企业的数字化转型是"自转"和"他转"的结合，以实现"一荣俱荣"的效果。大型监理（咨询）企业的数字化转型，一方面要立足企业自身的内在需求，布局通用性较强的基础性信息技术和服务；另一方面要兼顾上下游企业的数字化转型需求，积极采用专业性较强的公共信息技术和服务。对于中小型监理企业而言，因其力量薄弱，一般无法独自承担高额的转型成本。因此，中小型监理企业的转型模式应是"他转"带动"自转"。中小型监理企业的数字化转型应紧盯上下游企业，利用上下游企业的供应链协同倒逼自身转型，不断提升企业各个价值链环节的数字化水平，积极引入大数据、移动互联网、云计算等保障性信息技术和服务。

(一)数字化转型路径的三个阶段

企业数字化转型的路径分为初期、中期及后期三个阶段。在这三个阶段中,企业关注的重点问题有所差异。在数字化转型的初期,企业应通过向网络化、智能化制造转型,聚焦产品质量的提升,奠定数字化转型的质量基础。在数字化转型的中期,品牌塑造维护和产品营销渠道拓展成为重点,这也是企业数字化转型能否成功的关键一环。品牌是利润和口碑的结合体,一个卓越的品牌既能够为企业带来丰厚的利润,又能够在市场上获得认可和信任。在数字化转型的后期,数字化转型的焦点是高度整合资源,一是要打造数字化组织,将组织结构进行全面的数字化改造,组织部门、组织流程实现网络化和数字化。二是要打造数字化供应链,强化供应链对市场的反应能力,将低成本和快速反应作为衡量供应链数字化水平的标准。三是打造数字化研发沟通平台,以解决数据孤岛难题为出发点,畅通研发部门的沟通渠道,实现实时、高效、高质量的研发沟通。

1. 数字化转型的初期阶段

(1)自上而下建立数字化认知

在《关于加快推进国有企业数字化转型工作的通知》中明确提出,"数字化转型实行'一把手'负责制"。根据埃森哲公司针对数字化转型做了一项研究,结果显示:数字化转型应作为"一把手"工程实施。

依据2021年国家工业信息安全发展研究中心联合埃森哲公司发布的《中国企业数字化转型指数研究报告》调研结果显示,当前我国民营企业对数字化转型整体效果认知和评价不高。大多数监理企业对数字化转型概念的理解还十分模糊,比如许多企业选择在销售环节使用CRM软件管理客户,但很少有企业将数据反哺于整体运营流程和管理。

企业数字化转型是"一把手"工程,"一把手"工程要带头改变认知、改变思想、改变理念,改变分散、低级的数字化管理模式。如果员工有了正确的数字化认知,就能提高企业数字化转型战略的执行效率。监理企业各级业务人员从意识上认为数字化是自己的事,自上而下培养数字化认知是实现数字化转型成功的第一步。

（2）梳理数字化转型需求

"磨刀不误砍柴工"。若企业在启动转型项目前未进行充分的调研，往往会导致在转型过程中走很多弯路，后期交付困难甚至失败。企业数字化转型是一个长期的工作，在项目实施前，准确剖析企业数字化转型诉求尤为重要。

大型监理（咨询）企业或政府部门更倾向于选择专业咨询公司的数字化服务，中小型监理企业则倾向借助成熟的数字化工具，对企业数字化底座、数据治理模式、IT架构、业务流程、组织架构和企业文化等方面进行全方位的梳理，寻找企业核心竞争优势及数字化转型痛点，疏通信息渠道；明确数字化转型的重点领域，如改善用户体验、降低成本、快速响应市场、合规避险等；确定投入成本和周期，以及需要协调的部门、资源，有针对性地提出数字化转型方案。

相较于大型监理（咨询）企业，中小型监理企业体量小、资金有限，数字化转型风险较高，只有打牢"地基"，才能增强企业抵御转型风险的能力。

2. 数字化转型的中期阶段

（1）业务流程转型

对于传统监理企业来说，数字化转型的最大难点是业务流程转型。因为传统监理企业的业务经验已经积累多年，且流程各环节多以信息孤岛的形式存在，数字化转型意图用新技术打破信息壁垒，再造业务流程，必然会给企业管理者带来巨大的考验。

在业务流程转型的过程中，企业需要解决好三个问题：梳理业务流程、简化业务流程以及将业务流程从线下搬到线上。将业务流程从线下搬到线上，这不仅只是将公司办公流程从线下搬到线上，而且也要将承揽的监理（咨询）项目参建各方的工程管理业务从线下搬到线上，所有工程资料报验都可以从线下搬到线上进行流程化审批。

首先，企业通过业务体系及业务流程的梳理，明确数字化转型切入点；

其次，迈克尔·哈默提出流程是为客户创造价值的一系列逻辑相关的活动，而像输送环节，签字、送达、记录环节可能只是为了程序而履行，并没有真正的价值，所以转型过程中应当简化或优化这些环节；

最后，将业务流程搬到线上，除了选择合适的工具软件外，还应拉通端到端的全价值链，识别并打通业务与流程间的断点，连接"信息孤岛"，实现数据与信息共享，获得共生价值，推动数字化转型。

（2）组织转型

数字化转型需要组织转型来支撑。传统监理企业中的组织大多呈现中层结构与部门分工的特点，在数字化转型过程中会形成层级间"信息流动"的堵点，导致企业难以快速响应外部变化。如今监理企业组织转型应当跳出传统框架，向柔性组织，去中心化、扁平化、敏捷化转变，以支撑和赋能为重点，推动能力共享、信息通畅。

企业数字化转型没有固定的路径，组织重构应根据不同的行业、企业、业务场景调整。企业选择业务转型引领组织转型，还是组织转型落地业务转型，没有对错之分，但过程中应当重点考虑以下三点：

一是要在管理者的推动下，进行全面的组织架构优化；

二是组织转型是系统性工作，要注重流程、工具和组织三者的融合；

三是以业务场景为切入点，连接各部门信息孤岛，选择信息流动效率最高的组织架构。

监理企业数字化转型，需要企业决策层、管理层、执行层等各个层次的共同努力才能推动；并需要有一定的经济实力、技术水平、管理基础、人员素质等，要求监理企业具有很强的内部控制能力。

企业领导层是推动企业数字化转型的关键力量，企业数字化转型的成功与进度在很大程度上取决于公司领导层对数字化转型的理解和决心；同时，企业数字化转型也离不开公司领导层的推动，公司领导层首先要对未来企业数字化转型的商业逻辑和商业场景具有清晰认知，才能做好统筹规划和战略落地。因此，实施企业数字化转型的监理企业必须建立以公司一把手为主的数字化管理体系，成立专门的数字化组织管理机构，该组织管理机构人员数目应根据企业规模决定，一般不少于3～5人以上单数。主要工作为组织、领导和推进企业数字化转型。

（3）选择数字化转型产品

"工欲善其事，必先利其器"。监理企业在捋顺业务流程的基础上，选择合适的数字化产品，可事半功倍。

用于建设工程管理行业的数字化产品是指信息数据、计算机软件、可视化智能产品等。在数字经济时代，供应商可以通过非实体、抽象的方式提供科技服务，中小型监理企业在预算有限情况下，如何在鱼龙混杂的数字化产品市场中挑选有效的数字化工具非常重要。可以根据以下四方面选择有效的能够用于建设工程管理行业的数字化工具。

①综合能力。中小型监理企业在选择能够用于建设工程管理行业的数字化产品供应商时，应考察供应商技术能力，包括部署能力（本地化部署、SaaS部署）、系统兼容性（API接口管理能力）、定制化能力（微服务、aPaaS）、产品稳定性与网络安全性等。供应商提供的一体化解决方案除了产品和平台，是否还提供运营、培训服务等。

②供应商背景调查。首先，企业可以通过供应商成立年限、体量、融资规模、组织人员背景、营收情况与增长率、（付费）用户规模与续约率、商业模式、数据迁移可行性等方面来判断供应商的综合实力，确保产品的可持续性和可迁移性。其次，供应商的同行业用户案例多，意味着供应商对行业业务场景有充分的理解与实践经验，能够从行业的具体问题出发，提供更加标准化的服务。最后，数字化产品的市场占有率也是一个重要衡量指标。若占有率高，则反映供应商能够为系统提供长久、持续的服务和支持。

③产品的延展性。延展性是指供应商构建生态能力，面对外部环境不确定性和企业多变的业务需求，数字化产品通过延展外部生态方式，降低企业运营成本；同时，产品也应能够向内打通企业的业务管理和内部柔性管理，集成企业"烟囱式"的各应用系统，为企业节省采购、运营和维护成本。

（4）数字化人才培养

①培训目的。

一是统一思想，改变思维观念。要实施监理（咨询）企业数字化转型，首先要解决的是企业领导层对企业数字化的思想认识问题。监理（咨询）企业数字化是要打破传统的监理（咨询）模式，是对企业传统的监理（咨询）机构和业务流程的彻底改变。企业主要领导的高度重视和正确决策对监理（咨询）数字化是否能成功实施起着决定性的作用。

二是增强监理（咨询）企业数字化意识、观念和思维，提高监理人员素质和数字化服务水平。监理（咨询）企业数字化是对以往信息化采集方式的综合性的整体改变，涉及企业所有业务领域，需要公司各部门人员共同参与。员工的素质、应用水平、参与程度直接影响着系统运行的好坏。在监理（咨询）企业数字化转型过程中，必须做好全体员工的思想工作，做好开展监理（咨询）企业员工开展数字化系统操作方法和运用技能的演练、培训工作，为监理（咨询）企业开展数字化工作培养复合型人才。

三是建立严格的监理（咨询）企业数字化产品（工具）研发和运用数字化工作制度。在监理（咨询）企业开展数字化工作过程中势必会遇到固有的企业管理模式和陈旧的员工工作习惯的阻碍。因此，实施数字化转型企业必须建立完善的规章制度来保障企业数字化转型的顺利开展。企业信息数据标准化、业务流程规范化是实现监理（咨询）企业数字化的基础，而严格、配套的研发制度、运用推广制度、开展数字化工作制度，以及检查制度、考核奖罚制度等才是监理数字化转型工作顺利实施的制度性保障。

总而言之，培训的目的是为了解放思想，为了企业顺利实现数字化转型升级和经济高质量发展，提高企业员工利用数字化手段开展数字化工作的能力和水平，使公司全体员工熟练掌握、灵活应用数字化管控平台（产品、工具），做到"四个会"，即会操作使用数字化产品（工具）、会用数字化产品（工具）管理企业管控项目、会讲解介绍数字化产品（工具）、会用数字化产品（工具）拓展市场承揽业务；提高"五个能力"，即合法合规经营能力、科学管控能力、业务承揽能力、风险防控能力、降本增效能力。

核心人才在企业数字化转型过程中很关键，既要培养懂业务、产品、技术人才，又要懂数字化的科技人才。根据2021年国家工业信息安全发展研究中心联合埃森哲发布的《中国企业数字化转型指数研究报告》，数字化转型的一大挑战是数字化人才短缺且断层，供需严重不匹配。在《中国企业数字化转型指数研究报告》中也有显示，近七成民营企业数字化人才占比在5%以下。

相比于大型监理（咨询）企业，中小型监理企业吸引高级人才的能力较弱，所以在中小型监理企业数字化转型过程中，存在人才储备不足、人才培训欠缺、绩效考核不科学和人才流失等问题。企业需要借助内部与外部"智囊者"，及相应培训、考核办法应对数字化人才短缺问题。

②关键岗位数字化人才培训。对于关键岗位数字化人才的培训，还是要坚持以用为本，让人才与企业共成长。

第一，从企业现有人才中挑选潜在选手，纳入储备库并建立有针对性的培养计划；

第二，制定融合数字化专业知识技能与创新协同等软实力、面向数字化业务场景的培训模式；

第三，以实践为导向，联合"外脑"，与高校达成合作，让人才为我所用，弥补企业现有工程师优秀人才的空缺和不足。

③培训方式方法。

一是数字化产品（工具）应用培训方式应以线上线下视频会议形式进行现场+远程视频培训。

二是数字化应用培训方法应制订培训计划，建立培训学习班，分批分期培训，由专职或兼职讲师授课，培训课程结束后应组织学员通关考试。

三是专职或兼职讲师应当是企业高中层和项目总监理工程师以及数字化产品（工具）研发单位工程师等。

④培训教材及内容。企业数字化产品应用培训，并应编制《数字化应用培训教材》。教材内容应包括数字化系统内容讲解、数字化应用及系统操作方法、数字化应用经验、成功案例分享（PPT课件），以及国家行业相关文件规定和企业数字化应用技术标准、管理制度等培训内容。

⑤培训计划。制订数字化应用培训计划应符合企业数字化发展需要；根据企业数字化应用年度培训计划，对公司机关内部员工的数字化应用培训应每年不少于4次，对公司分支机构员工的数字化应用培训一般一年不应少于3次，项目监理（咨询）机构数字化应用培训每月1次。

⑥培训对象。数字化应用培训对象应为公司机关全体干部员工；总部下设分支机构（分公司）负责人及员工；项目监理（咨询）机构总监理工程师、专业监理工程师、监理员及网络信息员；数字化技术（产品）应用合作单位人员。

⑦培训学时。公司机关干部员工参加数字化应用培训学时应不少于96学时/年；总部下设分支机构（分公司）负责人及员工培训学时应不少于72学时/年；项目监理（咨询）机构监理人员培训学时应不少于192学时/年；

企业数字化应用合作单位管理人员应不少于48学时/年。培训学时见表2-1。

培训学时　　　　　　　　　　　表2-1

序号	职级	学时（学时/年）	学习形式
1	公司机关干部员工	96	线下培训班课堂学习
2	分支机构（分公司）负责人及员工	72	线上、线下培训班课堂学习
3	项目监理（咨询）机构监理人员	192	线上、线下培训班课堂学习
4	企业数字化应用合作单位管理人员	48	线上、线下培训班课堂学习

⑧新员工入职专场培训。新员工入职培训的目的旨在帮助新员工全面认识和了解公司，熟悉公司企业文化和各项规章制度，改变思想观念和思维模式，使其尽快学会应用公司数字化工具进行数字化、智能化、规范化、标准化、流程化办公。

新员工入职培训的分类如下：

对新接收应届毕业生的入职培训由公司人力资源部制订培训计划，统一安排培训，各部门、机构予以协助配合。

对社会招聘的员工培训在原则上由各分院组织实施，商学院提供标准培训课本。

新入职员工岗前必须参加入职培训。因特殊情况不能参加首次培训的，应报人力资源部审批后参加下一次入职培训；否则，取消录用资格。参加入职培训学时不够或培训结束考评不合格，应重新参加下一次培训。

⑨数字化工作岗位培训。实施数字化转型的监理（咨询）企业，从公司机关到各分支机构、各项目监理（咨询）机构，所有各职能工作岗位培训是以数字化手段为基础的数字化工作岗位基本技能培训，要求员工必须具备数字化工作能力、业务水平、基本素质、产品（工具）应用与管理手段等，完全能够胜任各自工作岗位要求，并具有创新性和创造性。

根据公司数字化工作岗位和职责，数字化工作岗位培训可分为公司级（含分支机构）数字化管理与服务基本技能培训和项目监理（咨询）机构数字化技术应用培训。公司级（含分支机构）数字化管理与服务基本技能培训主要针对公司业务经营范围内的各部门工作人员进行数字化工作技能培训；项目监理（咨询）机构数字化技术应用培训主要针对项目监理（咨询）机构人员应用公司数字化产品（工具）和手段进行项目管理与服务的基本技能培训。

上述培训，具体由公司各部门根据年度培训计划组织实施，报公司人力资源部备案。

⑩建立培训制度。为了强化企业全体干部员工对数字化系统各功能模块的熟练掌握应用，打造学习型数字化监理（咨询）企业，营造良好的企业员工培训学习氛围，应当建立数字化培训制度，并采取激励机制。参加数字化应用培训的学员应当进行通关考试，学习成绩前三名应给予奖励，通关考试成绩低于60分不合格的，继续参加培训学习并再次通关考试，使其最终成为一个合格的数字化人才。

3.数字化转型的后期阶段

企业数字化转型呈现着"千企千面"的特征，难有非常契合某一企业的成熟模板，大都是"摸着石头过河"。根据《中小企业数字化转型指南》报告显示，2021年只有12%的企业处于数字化转型实践阶段，而达到深度应用阶段的企业占比仅有7%，实施数字化转型的建设工程监理（咨询）企业更是寥寥无几。

中小型监理企业可以采取试点或并行的方式落地转型战略，以点带面，推行全面的数字化转型。

（1）试点式

企业选择较稳定成熟或较边缘的业务线、组织，作为数字化转型试点，再将该试点数字化转型的可借鉴经验推广至全公司范围。

（2）并行式

将新的系统、组织架构、业务流程引入企业，在较大业务范围使用，使用过程中与原有的旧系统、组织架构、业务流程并行，并在一定时间内，逐渐淘汰旧体系，应用新体系。

数字化转型是一个长期工程，数字化战略落地后，风险并不会消失。企业转型后也要定期复盘，不断对系统、组织、人才等方面进行优化升级，及时疏通堵点，连接断点。在这个过程中，企业应当充分重视一线员工的反馈意见，用好数字化产品，同时也要注重数据安全等问题。

（二）数字化转型路径的核心、目标与重点

1. 以客户为核心

数字化时代，网络空间得到极大的拓展和延伸，互联网将现实世界和虚拟世界紧密连接起来，为客户参与企业商业模式创新提供了广泛的渠道。借助大数据平台，客户可以实现将历史数据和实时数据高度融合匹配，充分发挥主观能动性，为企业商业模式创新贡献个性化智慧。客户的深度参与使得商业模式创新更加开放，更加科学，也更加有效。

新一代数字技术，不仅通过信息的透明度降低了企业与客户的信息不对称问题，而且通过信息的交互使客户广泛介入到企业的运作过程之中，使松散的客户个体凝聚成为有价值的群体，形成客户增权。随着客户增权程度的提升，逐步形成以企业与客户互动为基础的各种新型商业模式。这些商业模式的出现使企业与客户之间的协同比以前更为迫切和重要。企业应借助数字网络平台形成与客户的互动关系，并借助大数据技术了解主要客户对于现有产品和服务的改进建议，找到真实的市场需求，提供更高质量的产品和服务。

企业商业模式创新的根本动力和出发点是客户增权，即提升客户的价值体验。数字化的核心是提高解决客户需求的效率，也就是要高度体现如何有效提升各个系统节点解决客户需求的效率。具体而言，企业应深度挖掘客户的隐性需求和个性化需求，并做到精准对接，在对产品研发、推广、应用和项目咨询服务等全价值链环节体现客户的隐性需求和个性化需求，使精准成为企业提供产品和服务的基本评价标准。

2. 以管理为目标

数字化时代，组织层级间的信息传递要求快捷和准确，因此扁平化组织代替中层制组织已成为不可逆转的大趋势。大数据、移动互联网和云计算为扁平化组织奠定了坚实的技术基础。在扁平化组织中，通畅的沟通平台和信息传递渠道推动了企业决策模式的创新，组织各层级间的信息沟通更加顺畅、及时和准确，企业的管理效率得到大幅提升。

企业数字化转型的必然性和组织进化革命的复杂性之间必须架设一座桥梁，这座桥梁就是打造具有快速反应能力的组织体系。敏捷组织是一种

新型的具备快速反应能力的组织形式。从组织结构来看，传统组织是呈金字塔式的层次结构，敏捷组织是呈分布式的网状结构；从组织构成来看，传统组织是基于专业分工而建立的，敏捷组织是基于端到端的责任。敏捷组织是一个学习型组织，具有较强的自我反馈和自我调整能力，以客户为中心，以客户为驱动，以独立性较强的矩阵形团队为核心，以高度协作的工作方式高效地完成体现客户需求的产品和服务，并在此基础上为企业创造价值。

敏捷组织使得原本僵化、呆板的多层级模式转变为敏捷、高效的扁平化管理，促使组织架构变得更加具有活力，能够更好地应对数字化转型需求。敏捷组织的打造需要重点关注以下三个问题：

一是强调组织的开放性和互联性，要求组织成员从单一的线性协同模式转向跨部门的多维协同模式，彼此形成良好的互动。

二是唤醒每一个组织成员，集合组织智慧，构建具有协同共生能力的组织体系。

三是解决组织管理方面的沉疾，注重管理决策的长期性，不断消除部门之间的壁垒，建立统一、高效的数据平台。

3.以数据资产为重点

每一种经济形态都有与之相匹配的生产要素。在农业经济时代，土地和劳动力是主要要素；在工业经济时代，技术和资本是主要要素；在数字经济时代，数据成为关键要素。在不同的经济时代，企业资产管理的重点有所差异。在农业经济时代和工业经济时代，企业资产管理制度是围绕土地、厂房、设备、存货等有形的物理资产展开的，由此产生了如折旧、摊销、盘点等管理方法。在数字经济时代，作为关键生产要素的数据资产，既不同于土地、厂房、设备等，也不同于无形资产，其价值难以准确计量，却是企业的核心竞争力。

数字化时代，企业资产管理的重点应由物理资产向数据资产转变，要将数据置于战略性核心资产的地位，不断强化数据在组织变革、流程改造、技术提升中的重要作用，拓展数据使用的深度和广度，将数据作为推动企业创新发展的重要动力。具体而言，应做好以下三点：

一是加快数据在企业的快速流动。将沉淀在企业各个业务环节中的数据充分盘活，打破阻碍数据自由流动的体制机制障碍，以信息流为统领，高效整合企业的人、财、物。

二是提升数据的治理能力。在数据大爆炸的时代，如何去伪存真、去粗取精，对大量的复杂数据进行清洗整理，掌握富有价值的信息，是企业数字化转型成功与否的关键。

三是深入分析数据背后的逻辑。如何充分挖掘数据背后隐匿的有用商业信息，更好地促进企业向创新发展方式转变，是企业数字化转型的重要目的。

三、数字化转型机制

在数字经济背景下，继互联网和信息技术基础之后的智能化和数字化为现代企业提供全新的生存、生产、经营、竞争和创新方式。数字化技术打造了全新的产业形态和平台，重构了买卖双方的交易模式，将企业的生产设备、交易过程和物理世界数字化后再连接，推动企业的竞争从实体空间转向网络虚拟空间。企业数字化转型的本质是依托数字技术对企业进行智能化、数字化改造，并借助大数据的海量性和流动性，通过不断化解企业面临的不确定性，提升企业的生产效率和管理效率。具体到建设工程监理（咨询）企业数字化转型的内在机制表现在以下三个方面。

（一）业务流程集成化

新兴数字技术对监理（咨询）企业传统业务流程进行改造的同时，也逐步重构着监理（咨询）企业的价值链和生产经营状态。一是数字技术的大规模应用会释放大量的富余管理人员，将其从低端性和重复性的工作中转移到应用数字化科技手段进行创新服务等更有价值的工作中，持续提升企业员工工作效率和创新能力。二是数字技术使得企业的生产经营状态更加准确和可控。通过对生产经营与项目服务环节的数字化改造，可以实时地采集到企业更加全面和精确的生产经营数据、项目服务数据，从而有利于进行更加精准和有效的经营决策与项目管理决策。数字化技术推动企业集成化的价值链主要表现在两个方面：一是数字化产品应用和项目管理环节集成化；二是市场营销环节集成化。在数字化产品应用和项目管理环节的集成方面，企业通过推动数字化技术在数字化产品应用和项目管理环节、市场营销环节的深度渗透，能够快速适应市场的多样化需求，迅速推进数字产品的创新升级。在市场营销环节的集成方面，数字化技术的应用打通了企业的客户端信息流和资本现金流，使得企业可以按照客户需求实现精准对接、按照客户需求实现个性化、定制化管理服务，极大地提升了企业的运营效率。

（二）产品理念个性化

在数字化时代，客户的需求发生了显著变化，个性化成为客户需求的重要特征。客户诉求已经由传统的价格、质量、实用等功能性诉求转向服务、社交、分享、沟通、参与等体验性诉求。客户对数字化产品和服务的需求由被动接受向主动要求转变，这就倒逼监理（咨询）企业要具备较强的数字信息挖掘、整理和使用能力。数字化时代提供了高效、便捷的数据获取和分析工具，监理企业可以在客户"留痕"的平台（社交平台、项目管控平台）上将零散的信息进行收集、加工、处理，充分提取客户信息，发现客户的隐性需求和个性化需求。在固有的监理模式下，监理企业与业主之间很难建立起密切的联系，其根本原因在于缺乏将两者进行有效连接的信息系统。数字经济时代，互联网技术使得万物互联成为现实，客户（业主）的信息获取能力大大增强，且参与成本变低、方式变多、难度变小，多样化、个性化需求表达成为可能，由此驱动监理企业产品理念向定制化、个性化和多样化数字化转型，并由此为客户（业主）提供数字技术支持等增值服务。

（三）互联网思维模式化

我们经历了由工业化思维向互联网思维的转型过程，工业化思维以固有的模式进行生产管理与服务。在这种思维模式下，企业也会根据市场反馈进行调整，但周期缓慢。处于工业化思维的传统企业，最大的困境是由于信息不足而导致信息不对称，并由此产生了与之相适应的商业模式。工业经济时代，监理（咨询）企业的信息收集、处理和使用成本很高，因此缓解信息不对称的代价非常高昂，不但要支付大量监理人员的薪资费用，而且费时、费力，效果也不尽理想，信息鸿沟成为监理企业普遍面临的问题。而在数字经济时代催生了互联网思维，互联网思维颠覆了我们对传统监理（咨询）企业经营的固有认知，我们需要对传统监理（咨询）企业的战略、业务、运营及管理等各个层面重新审视。最为显著和重要的变化是，信息技术的飞速发展使得传统的经营与项目服务环节变得不再重要。依托数字技术，企业能以更好的管理和服务满足客户（业主）的个性化需求，且服务更优、效果更好。客户无偿享用数字技术带来的成果，监理与业主之间的信息障碍因互联网平台而不复存在。

第 3 章　企业数字化转型商业模式与创新方法

一、互联网商业模式

当前有很多监理（咨询）企业需要进行数字化转型，由于在数字化时代，以前的发展模式在未来会行不通，所以要进行改变。这就好比在自行车时代，很多五金店、专卖店都卖自行车及配件，但是自从有了汽车产业以后，自行车及配件业务很快就无人经营。

这些例子，促使传统产业进行企业数字化转型。特别是建设工程监理（咨询）企业，在疫情时代，面临着业务量不断地减少，举步维艰的情况下，如果继续以固有的监理服务方式经营，只会加速部分监理（咨询）企业倒闭。但是数字化转型到底要采用什么样的商业模式？这一问题困扰了很多想进行数字化转型的监理（咨询）企业。企业数字化转型的商业模式没有一个固定的模式，只要能给顾客带来长期价值，就是一个好模式。作为建设工程监理（咨询）企业应用数字技术和信息化手段管理企业、管控项目，能够顺利实现建设工程总目标，并为业主、为政府提供增值服务，为工程管理人员提供轻松、便捷就是一个好的商业模式。

例如，在过去编写监理资料表单时都是用手工编写，要翻阅相关书本资料后才能编写出方案文件，并存放于文件柜。到了互联网普及年代，我们就开始利用计算机编写，虽然我们在用计算机编写时也要查找相关资料，但相比在书本上容易得多。这就意味着，我们的项目信息管理开始进入了信息化，我们再也不需要手写表单，再也不需要翻阅书本资料。只要把项目工程信息输入计算机里存储起来，即可形成电子资料存储于计算机。进入互联网时代，我们可以在网站上查找各种相关资料，还可以分类建立数据库，当我们用Word来编写监理资料表单时，可以复制存储在数据库里的相关内容。这就意味着我们已经进入了这种数字化的工作场景。所以，我们要把在工程管理中产生的各种信息，按照工程性质、工程类别建立一个分布式数据库，就像一个图书馆、一个超市。此时我们就可以更好地访问里面的内容，利用里面的信息，以此降低劳动成本，提高我们的工作效率，这就是数字化。我们要利用互联网商业模式来实现真正的企业数字化转型。比如，我们可以在某个网站上下载需要的文字资料，或者应用某个软件转变获取信息的一种方式方法。要获得这些信息，就要在网上充值以购买软件产品，而提供这类产品及服务就需要获得盈利，这就是企业数字化转型的商业模式。

企业数字化转型是一把手工程，因此管理人员也要懂得企业数字化转型中的商业模式。商业模式是一种愿景，运营模式就是实现这个愿景。企业一把手要协调各方资源进行大量商业模式方面的工作，并要在遇到问题的第一时间坚定不移地推行企业数字化转型工作。

企业数字化转型会给我们带来新的经营方式。这种经营方式分为两种，第一种称为商业模式，第二种是运营模式。其中，商业模式由两个组成部分：第一部分为价值主张，第二部分就是业绩的来源。运营模式由三个部分组成：第一个叫规模，规模就是我们有多少个项目，或者我们的产值是多少，或者是我们承揽的工程项目投资是多少，建设面积有多大；第二个就是范围，如全过程工程咨询、工程监理、造价咨询、招标代理等所经营的业务，或者是我们经营的不同的城市，不同的地区，或者是项目监理合同规定的监理（咨询）服务范围；第三个是知识管理，就是我们怎样能获得数据，把这些数据变成知识，再把这些知识变成行动（管理）。简单地讲，知识管理就是一个商业模式，它可能更多的是指企业的愿景；而运营模式则表示应怎么样来实现这个愿景。

下面我们用一个简单的案例来说明商业模式与运营模式的区别。

人们每天都要吃早餐，一个装修豪华的早餐店，拥有较舒适的环境，伴着轻音乐，喝上一杯好喝的奶茶，吃上一笼小包子，还可以约上朋友或者同事们在独立的包间里一边吃，一边召开工作晨会，以安排一天的工作。这样下来，一顿早餐可能需要花费几百元。此时，我们享受了豪华餐厅的独立包间提供给我们的便利和舒适的用餐环境。若是到小店去吃早餐，奶茶是一样的好喝，包子也是一样的好吃。但是，这个小店很简单，面积只有几平方米，这里没有桌椅，也没有音乐，更没有可以一边用餐一边开会的环境，有的只是路边嘈杂声。我们之所以在这个小店买早点，是为了外带，因为我们都很忙，要急着上班，要参加一个重要的会议。因此，在这个小店买早餐，我们体验到的是早餐本身。所以我们花费可能只需要十几块钱，比在装修豪华的早餐店要便宜很多，这是因为两家早餐店的商业模式不一样。

上述对商业模式进行了讲解，下面就来分析这两家早餐店的运营模式。首先从规模上看，一个只有几平方米的小店要比一个装修豪华的早餐店小很多。这个小店的运营模式就是一个外带或者外送，或许只是一个分配店。因为它的面积很小，租金的成本会很低，而且由于小店不需要很多员工，所以它的员工成本比豪华的早餐店要低很多。从经营范围看，这家豪华的早餐店有各种各样的饮品和早点；而这个小店只有奶茶和包子，所以这个小店的产品经营范围也不一样，更不会提供音乐或者舒适的用餐环境。从知识管理方面上看，这家小店是在非数字化时代就已经营业了，它仍然按照固有的经营模式，即提供打包外卖；而这家豪华的早餐店是在做品牌，是数字化时代衍生出来的早餐店。

对上述两家早餐店的商业模式及运营模式的分析、对比可以看出，企业向数字化转型的重要性及迫切性。

在互联网商业化时代，企业数字化转型的商业模式应以互联网商业模式为发展方向。

二、商业模式创新的方法

由于企业数字化转型的商业模式没有一个固定的模式，商业模式如何创新？有什么方法？现以《商业模式创新的四种方法》(尹一丁，2012年)一文中提出的四种方法为例，以向正在或准备进行数字化转型而寻求适合自己企业的商业模式的企业提供参考，以期在数字化转型的道路上给予企业创新和启发。

商业模式创新就是对企业的基本经营方法进行变革。一般而言，有四种方法：改变收入模式、改变企业模式、改变产业模式和改变技术模式。

1. 改变收入模式

改变收入模式就是改变一个企业的用户价值定义和相应的利润方程或收入模型。这就需要企业从确定用户的新需求入手。这并非是市场营销范畴中寻找的用户新需求，而是从更宏观的层面重新定义用户需求，即要深刻理解用户购买产品后需要完成的任务或要实现的目标是什么。其实，用户要完成一项任务需要的不仅是产品，而是一个解决方案。一旦确认了此项解决方案，也就确定了新的用户价值定义，并可依次进行商业模式创新。

国际知名电钻企业喜利得公司就是从此角度找到用户新需求，并重新确认用户价值定义。喜利得公司一直以向建筑行业提供各类高端工业电钻著称，但近年来，由于全球市场激烈的竞争而使电钻成为低利润产品。于是，喜利得公司通过专注于用户所需要完成的工作，意识到它们真正需要的不是电钻，而是在正确的时间和地点获得处于最佳状态的电钻。然而用户缺乏对大量复杂电钻的综合管理能力，经常造成工期延误。因此，喜利得公司改变了自己的用户价值定义，不再出售电钻，而向用户提供电钻的库存、维修和保养等综合管理服务。为提供此用户价值定义，喜利得公司变革其商业模式，从硬件制造商变为服务提供商，并把制造向第三方转移，同时改变盈利模式。

2. 改变企业模式

改变企业模式就是改变一个企业在产业链的位置和充当的角色。也就是说，改变其价值定义中"造"和"买"的搭配，一部分由自身创造，另一部分由合作者提供。一般而言，企业的这种变化是通过垂直整合策略或出售及外包来实现。如谷歌公司在意识到大众对信息的获得已从桌面平台向移动平台转移，其自身仅作为桌面平台搜索引擎就会逐渐丧失竞争力，为此，谷歌公司实施了垂直整合，斥巨资收购摩托罗拉手机和安卓移动平台操作系统，进入移动平台领域，从而改变了自己在产业链中的位置及商业模式。IBM公司也是如此，它在1990年年初就意识到了个人计算机产业无利可寻，即出售此业务，并进入IT服务和咨询业，同时扩展它的软件部门，一举改变了它在产业链中的位置和它原有的商业模式。甲骨文公司、礼来公司和香港利丰公司等都是采取这种思路进行商业模式创新。

3. 改变产业模式

改变产业模式是最激进的一种商业模式创新之一。它要求企业重新定义本产业，从而创造一个新产业。如IBM公司通过推动智能星球计划和云计算，重新整合资源，进入新领域并创造新产业，如商业运营外包服务和综合商业变革服务等，力求成为企业总体商务运作的大管家。亚马逊公司也是如此，它进行的商业模式创新正在向产业链后方延伸，为各类商业客户提供如物流和信息技术管理的商务运作支持服务，并向它们开放自身的20个全球货物配发中心，并大力进入云计算领域，成为提供相关平台、软件和服务的领袖。

4. 改变技术模式

产品创新是商业模式创新的驱动力，技术变革也是如此。企业可以通过引进激进型技术来主导自身的商业模式创新，如当年众多企业利用互联网进行商业模式创新。当今，最具潜力的技术是云计算，它能提供诸多崭新的客户价值，从而为企业提供商业模式创新的契机。另一项重大的技术革新是3D打印技术，此项技术一旦成熟并能商业化，将帮助诸多企业进行深度商业模式创新。如汽车企业可用此技术替代传统生产线来打印零件，甚至可采用戴尔的直销模式，让客户在网上订货，并在靠近客户的场所将所需汽车打印出来。

当然，无论采取何种方式，商业模式创新需要企业对自身的经营方式、客户需求、产业特征及宏观技术环境具有深刻的理解和洞察力，这才是成功进行商业模式创新的前提条件。

对于上述四种商业模式创新方法，是否能给我们带来思维性的改变，这要看各自的认知。总之，企业数字化转型的商业模式没有一个固定的模式，每一个企业所处的人文、地理、环境、位置的不同，企业数字化转型的商业模式也会不同，这就需要我们去探索并寻求一个适合我们自己的企业数字化转型的商业模式及模式创新。

第4章 数字化转型产品应用

一、筑术云数字化产品概述

企业数字化转型是一项复杂的系统工程，需要用变革的方式来确保企业数字化转型有效落地。只有提升企业变革的领导力，强化对数字化转型产品的深度应用才能给企业带来深刻变革，而不是停留在表面。企业领导的高度重视和正确决策对企业数字化转型产品的应用起着决定性的作用。"工欲善其事，必先利其器"，数字化转型技术产品（工具）的选择是关键，既要着眼于眼前的需求，符合行业主流技术趋势，也要兼顾未来的"可持续性"发展。未来5～10年，数字技术是全世界共同认可的重要的发展方向。数字技术的应用，事关企业是否顺利转型，事关企业生存和发展的问题。通过应用数字技术，建立数字技术平台，致力于打造扁平开放的数字化智能管控体系，形成基于知识和数据的管理模式，推动企业数字化转型发展。

当前，在建设工程管理中，属于建筑工程管理类数字技术产品屈指可数，还没有一个建筑工程管理软件的项目检查系统能够像筑术云项目智能检查系统一样自动生成规范化、标准化的监理表单；没有一个能够像筑术云项目智能检查技术一样具有知识化、数智化功能。筑术云数字技术产品在同类产品应用中具有很强大的系统应用技术优势。下面重点对筑术云数字化应用技术进行简述。

筑术云数字技术产品是由陕西合友网络科技有限公司经过五年多时间对建筑行业工程管理数字化方面进行不断研发和优化，先后研发出移动OA（Office Automation，办公自动化）系统、移动项目管理办公系统、移动专家在线办公系统、移动多功能视频会议系统、移动适时视频监管系统、移动远程教育培训系统及一个远程管控指挥中心，统称为筑术云一个中心六大系统。筑术云数字化产品现已具有5千多个功能模块，已在全国30多个省市建设工程项目中应用，效果良好，同时也对企业数字化系统功能模块进行了全面性、系统性地实际检验。

二、筑术云数字化产品优势

1. 技术尖端，架构宏碁

筑术云数字化产品的核心技术应用了4.0时代的宠儿——公共云服务。公共云服务技术较传统的私有云服务，可以使用户（使用者）省去前期总体规划、硬件平台建设、应用软件采购、机房建设与管理、软件二次开发、系统整体维护与管理、保障信息安全等诸多工作，5G技术的成熟与应用以及诸多奇特的优点，更可使公共云服务如虎添翼。筑术云数字化产品整体技术方案应用了信息化时代的两大尖端技术，即移动互联网+云端大数据，实现了一个中心六大系统的全交互配置、全方位支持、全天候管控、全过程留痕、全链条受益；同时，在筑术云数字化整体架构设计时，就以服务建筑全过程各企业和各业务为出发点和落脚点，平台整体架构宏碁。

2. 华为存储，安全稳定

站在巨人肩膀上做事，要比把自己培养成巨人省事得多，陕西合友网络科技有限公司与华为技术有限公司合作，托管主服务器双机热备，数据的存储、交换、安全交由华为云负责，在华为总部和西安分部分别设立主、副存储服务器实行双机热备份，确保了系统运行的稳定、安全和可靠。

3. 操作简单，使用方便

筑术云数字化产品的研发在确保技术尖端、架构宏碁的同时想客户所想，在操作使用上力求简单而方便。所有用户（使用者）只需利用与互联网相联的计算机、手机、大屏等终端设备，通过浏览器登录进入筑术云数据中心，就可以使用筑术云一个中心六大系统的所有功能，并读取数据库中的数据，共享云数据中心的数据资源，对企业和项目进行远程数字化管控。

三、筑术云三大核心技术应用

1. 筑术云四库一平台应用技术

（1）全过程工程咨询数据库、工程管理数据库、招标投标数据库的作用它们一方面是在互联网模式下向用户提供全过程工程咨询、工程管理、项目招标投标等相关规范、专业知识、技术方案等海量知识数据，供用户在线学习、编制相关文件等；另一方面是专家在线服务平台上的专家通过筑术云产业互联网——专家在线服务平台，向用户提供项目建议书、可研报告、施工监理（咨询）大纲等各类技术文件、资料的编制服务及线上线下咨询服务，解决工程建设中的重点、难点问题。

（2）筑术云造价咨询数据库的作用

第一个作用是收集各地区已完工程项目资料及造价数据，并通过数据分析，形成不同地区、不同地域、不同项目类型的造价指标库以及材料价格库。为项目建设方在投资控制方面提供有力的数据支持和控制方案参考，向施工单位提供成本控制数据支持，向建设项目第三方提供工程造价咨询数据支持；第二个作用是向用户提供全国各地区、各阶段的造价计价规范、法律法规文件以及造价作业过程遇到的问题及解决方案等海量知识数据，供用户在线学习、编制造价咨询文件、资料时选用；第三个作用是专家在线服务平台上的专家通过筑术云产业互联网——专家在线服务平台，向用户提供算量、计量、计价、造价咨询、成本控制、项目全过程造价咨询等造价咨询服务。

2. 筑术云可视化应用技术

筑术云第二大核心技术优势——筑术云可视化应用技术，也被称为筑术云可视化管控平台。筑术云可视化管控平台是由项目视频监控系统与后台服务器组合成为一个信息化管控平台，工程建设几方可以利用这个平台实现共享共管。筑术云可视化应用技术是一门学问，是由工程管理人员应用可视化管控平台实施智慧化、数字化管理，形成有效、有价值的视频影像资料数据，通过后台对这些数据的处理、分析，形成项目全过程大数据。所以我们在对项目实施可视化管控时一定要掌握对视频监控设备的操作、系统维护等技术、技巧，项目人员一定要确保设备正常在线，确保系统对施工全过程产生的数据进行自动存储。而且，我们还要通过人工截屏、无人机推流航拍技术、手机拍照、系统下载等辅助手段及时采集、存储项目全过程影像及视频数据资料；我们还要通过筑术云可视化应用技术对项目质量、安全、进度进行智能化、数字化管控。这就是筑术云可视化应用技术的基本原理。如何通过筑术云可视化应用技术对项目质量、安全、进度进行智能化、数字化管控，可详见永明公司编写的《筑术云应用技术规程》相关内容。

3.筑术云项目智能检查应用技术

随着筑术云产品不断研发，根据用户需求，目前已经基本完成房建、市政、公路、城市轨道交通工程筑术云项目智能检查技术的研发，并已在计算机PC端和手机移动端发布使用。下一步，还将研发石油化工、电力、水利等其他类别的工程质量安全智能检查技术。

筑术云项目智能检查应用技术是适用性很强的数字化、智能化工具，其应用解决了监理人员因实践经验不足或专业不对口问题，丰富了工程管理人应用一部手机管理工程的智能化应用场景。

筑术云项目智能检查应用技术的研发是为了满足智慧城市建设，满足项目工程管理人员方便、快捷地应用筑术云系统进行数字化管理的用户需求而研发的。其主要有以下两大功能：

（1）实施专项检查实现了数字化、智能化

该功能的应用使工程资料规范化、标准化，使监理及检查人员工作轻松、便捷，所生成的表单具有时效性、真实性和可追溯性。其主要应用场景是工程管理人员现场应用手机App筑术云项目智能检查系统对现场施工质量、安全进行巡视、旁站、平行检验及验收而形成的资料表单、图像由系统一键生成，无须人工填写。由于是系统自动生成监理表单、自动生成监理日志等，所以可以节省监理人员对内业资料的编制时间。同时，由系统自动生成监理表单的资料数据可以避免产生"信息孤岛"。

未来，监理只需要做好对施工现场的质量、安全、进度等巡视检查工作，其他的都交给系统来完成，这起到降本增效的作用。既保障了工程质量合格，又保障了施工安全，同时，也是我们进行项目成本控制的最佳方法和手段。

应用筑术云项目智能检查应用技术进行现场巡视、平行检验、旁站，在不需要填写实测值时，可以通过项目可视化管控平台（大屏）或手机App视频监控系统实施。如对施工现场安全文明施工进行巡查、施工环境治理、进度控制等。

由于现阶段各有关部门的专项检查依然是检查现场和施工监理资料情况。其中，施工监理资料表单显得尤为重要，通过应用筑术云项目智能检查系统生成的监理表单，实现了监理工作表单智能化、数字化。监理工作表单智能化是优质工程的"护身符"，也是监理人的"护身符"。实现工程资料表单智能化、数字化是建立大数据的基础和关键环节。未来的机器人施工更需要监理智能管控及大数据技术支持。

（2）工程资料线上报验审批功能

工程资料线上报验审批功能应用场景是项目参建各方共同应用筑术云线上审核流程以现场审批方式对施工单位报验资料进行审批。隐蔽工程、检验批和分部分项工程完工经施工单位自检合格后，由建设、监理、施工三方到现场或通过项目大屏进行三方联合验收。若验收合格，三方直接在手机上点击"确认"即可。进场材料验收、设备验收、投资控制、进度控制、合同管理也一样通过线上流程现场审批。施工资料经线上流程化审批合格后直接打印存档，电子签印，方便快捷，归档及时。线上资料报审审批功能的实现将打破建筑业及工程监理行业30多年来的固有模式，并解决了多年来施工资料不能与施工同步的问题。

四、筑术云数字化系统办公

企业数字化转型的重点内容是企业数字化日常办公系统的建设。应用企业筑术云数字化日常办公系统，需要根据管理权限或工作需要设置权限，确保数据信息安全。使用计算机、手机智能办公，系统运行互不影响。关联单位授权接入系统后，可以随时分享相关数据信息，并可应用计算机、手机的手签功能协同办公。各类审批流程具有设定、提醒功能，与专业财务管理软件兼容后，处理日常财务报表方便、快捷，也能轻松办理。

应用筑术云数字化办公系统可借助大数据、物联网、云计算、人工智能等新技术提升企业数字化、智能化办公的能力和水平，从而提高企业自动化办公效率，加快实现企业数字化转型。下面以应用筑术云数字化产品场景为例，进行系统操作的介绍。

1. 系统登录

（1）登录方式

企业数字化产品（管控平台）的登录方式有以下两种。

①官网登录。进入浏览器，在搜索框搜索永明项目管理有限公司，进入公司官网首页。

点击官网首页右上角的"筑术云_综合服务管理平台",如下图。

进入筑术云界面,如下图。

②网址登录。在浏览器网址输入框里输入"www.zhushucloud.com"后点击"Enter"键,直接进入筑术云界面,与官网进入相同,然后点击右上角"登录"按键。

进入登录界面，如下图所示，默认初始账号为手机号，初始密码为abc123（注：如重名，初始账号会提示，若未提示，则默认为姓名）。

（2）登录页面

登录成功后，弹出首页面，如下图所示。主页面包括项目管理系统的"我的项目"，协同办公系统的"综合办公""专家在线""快速开始/便捷导航""通知公告""我的费用""我的回答""知识库"和"资料库"等选项。

在我的项目中可以看到自己所在的项目名称。点击图中所示的红色方框中的【查看更多】，会跳转到对应的系统。

专家在线

我的提问　我的回答　未答问题

2020-08-17
2020-08-17
2020-08-06
2020-08-06
2020-08-06
2020-08-06
2020-08-06
2020-06-03

查看更多

在"快速开始/便捷导航"项目中，可以添加自己常用的模块。
第一步，选择【+快速添加】选项，见下图。

第二步,在弹出的页面左侧选中所需要的模块,再点击中间蓝色箭头按钮,然后点击【确认】按钮即可。

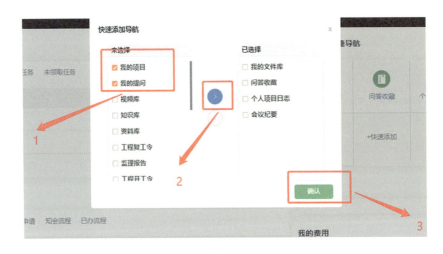

(3)资料的补充与密码的修改

①个人资料的补充。点击右上角灰色图标,在弹出的菜单中选择【个人资料】选项,见下图。

补充完善个人资料信息后，点击【保存】按钮，见下图。

②密码的修改。为了保证数据信息的安全性，我们还需要进行密码修改。在个人资料补充完整之后，点击【修改密码】选项，在依次输入【当前密码】【新密码】，并确认新密码后，点击【保存】按钮，密码就修改完成了。点击左上角的筑术云就可以退出当前页面。

（4）系统使用注意事项

①推荐使用360浏览器；

②由于项目中的使用量较少，很多工作人员需要在同一台计算机上登录账号，因此，须注意，在每次切换账号时，必须清理浏览器缓存。

清理方法：点击右上角【菜单】按钮，在弹出的菜单中选择"清除上网痕迹"选项，如下图。

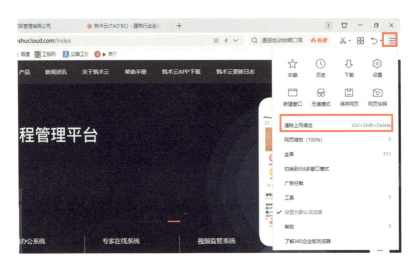

在弹出的对话框中勾选所有选项，点击【立即清理】按钮，然后页面会自动跳转到登录账号界面。

2. 项目管理系统

在首页选择"四叶草"形状菜单中的【项目管理】选项，即可进入项目管理系统。

项目管理系统的主界面如下图所示，左侧有四个子栏目，分别是"我的任务""我的项目""项目任务"和"个人中心"。点击右上角的按钮可以直接退出项目管理系统。

（1）我的任务

我的任务包括模板任务和总监分配。

①发起任务。点击【我的任务】→【我发起任务】，选中项目后便可发起任务。不只是总监可以在此发起任务，项目中所有人员均可以发起，起到一个留痕和便捷的作用。操作步骤如下：

第一步，点击【发起任务】。

第二步，在弹出的对话框中填写完整内容，其中，【负责人】项可以直接进行搜索，点击【确定】后，任务就发起成功，负责人便可以在未领取任务中进行领取任务。

②未领取任务。点击【我的任务】→【未领取任务】，可以在弹出的【未领取任务】对话框中直接领取任务。

③进行中任务。领取任务后，会在【进行中任务】下显示。点击【我的任务】→【进行中任务】，即可查看任务详情。

④已完成任务。在完成任务之后，会显示在【已完成任务】中。点击【我的任务】→【已完成任务】，即可查看任务详情。

⑤已送审任务。点击【我的任务】→【已送审任务】，进入已送审任务界面。

⑥日常工作。点击【我的任务】→【日常工作】或在【进行中任务】中点击【日常工作】进入此界面。若为新申请的账号，则在登录之后的界面只显示一个加号，这表示此界面还没有添加任何任务。

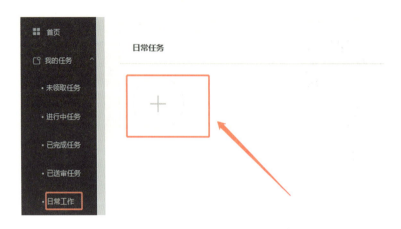

点击加号，在弹出的对话框的左侧先选择自己常用的日常工作，然后点击【到右边】，最后点击【确定】按钮，即可添加完成。

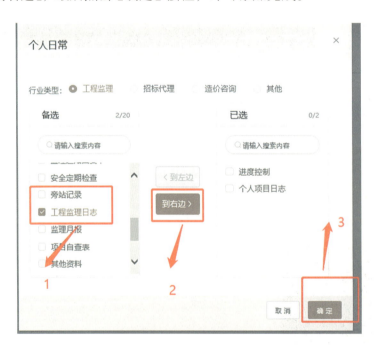

任务添加成功后的界面如下图所示。下面以工程监理日志为例来讲解如何上传资料。点击【工程监理日志】，如下图所示。

会弹出之前上传过的资料对话框，如果"状态"栏显示为"未送审"，则表示此文件可以编辑，也可以删除；若为"审核中"和"审核通过"，则表示只能查看；若状态为"被驳回"的文件，则表示此文件可以编辑并重新上传，如下图所示，点击右上角【添加】按钮。

弹出如下图所示的对话框。用户可在此界面填写相应信息。其中，所有带红色星号的选项为必填项。

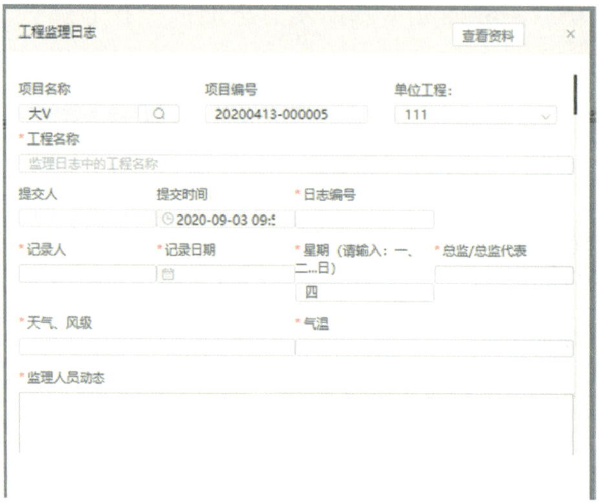

在填写完成后，该对话框的下方有三个选项按钮。其中，若点击【取消】按钮，则表示填写的内容不保存。

由于项目中会出现很多不确定因素，有时填写一半需要临时外出，而系统为了保障安全性，在15分钟内若没有任何操作，则系统会自动退出，所以需要点击【保存】按钮，回来后还可以继续填写。

如果点击【送审】，则会自动跳转到专家在线系统对话框，如下图所示。其中，项目名称会自动显示；资料目录需要根据自己所上传的资料类型准确选择。在所有内容填写完成并提交后，便会在总监的专家在线系统中，由总监进行审核，总监审核完成后会由平台专家进行二次审核。

(2) 我的项目

①未生成项目。当项目在协同办公系统中完成合同登记后，就会在项目管理系统【我的项目】→【未生成项目】中出现一条项目信息，然后点击项目右侧的【生成项目】按钮。

弹出如下图所示的对话框，先依次填写并完善项目信息。其中，合同编号、项目名称都是由合同登记中的信息自动带入的。注意，"项目隶属"必须填写准确，以便于项目管理。完成之后点击【下一步】按钮。

在弹出"组建项目部"对话框中,所有红色星号标记的都是必填项。在"是否考勤"选项中一般选择"是",便于项目管理。在右侧有一个【第三方成员】和【项目成员】按钮。

a.添加第三方成员。假如甲方需要查看项目信息,就需要添加第三方成员,在点击【第三方成员】按钮后,弹出【添加成员】对话框,如下图所示。在该对话框中填写完成企业信息后,点击【确定】按钮。

b.添加项目成员。比较常用的是项目成员,需要将项目中所有人员都添加到项目中才可以在筑术云里进行与项目相关的工作。点击【项目成员】,弹出如下图所示的对话框。

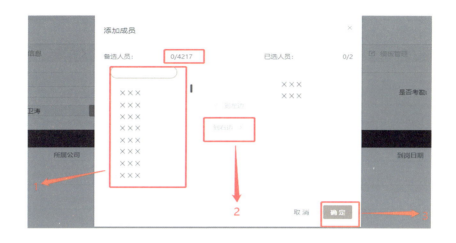

在该对话框中,备选人员有4217个,这是所有在筑术云系统中申请过账号的人员。首先在【备选人员】名单中选中本项目成员,也可以在搜索框中搜索后勾选选中;其次点击【到右边】按钮;最后点击【确定】按钮。

添加成功后页面如下图所示。由图中可以看到,添加人员的"岗位职责"都是空白的,这时就需要对人员进行岗位编辑,便于系统根据岗位不同而分配不同的任务。在图中各成员项的右侧均有一个【删除】按钮,如果项目中有人员离职或者是调到其他项目部时,可以直接点击【删除】按钮,将此人移除本项目。

点击【岗位编辑】按钮，在弹出【项目成员岗位】对话框中勾选成员的岗位职责即可，如下图所示。一个人若是身兼多职，也可以选中多个岗位。选中之后依次点击【确定】按钮和【下一步】按钮。

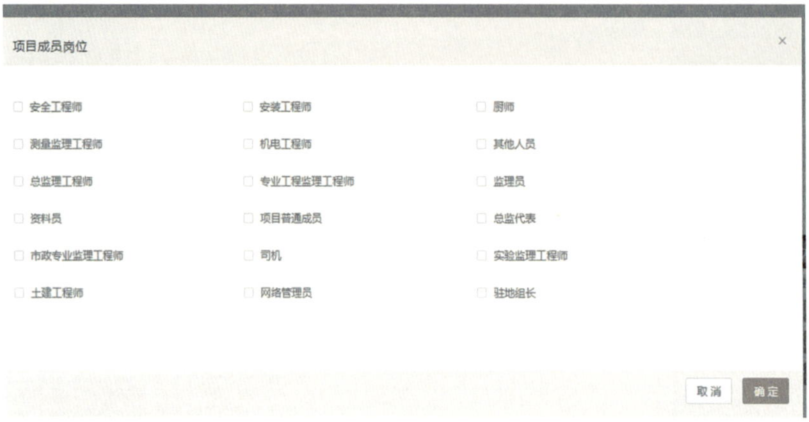

进入【单位工程】对话框，在该对话框中需对【项目开始模板】和【项目结束模板】进行设置，【文档资料汇总】根据项目需求进行选择，也可以新增一个单位工程。

点击【新增】按钮，弹出如下图所示的对话框，在填写完整【单位工程信息】之后，点击【确定】按钮。

新增成功的单位模板如下图所示。需要注意的是，新增的单位工程也必须选择项目模板。完成之后点击【下一步】按钮。

进入【模板管理】，可以看到左侧有许多模块信息。如果在单位工程中没有选择模板，这里就不会有这些子项。在【模板管理】中的任务是按岗位分配的，如下图所示的任务，分配给了资料员、监理员、专业工程监理工程师和总监理工程师。

在【生成项目】对话框中，对原有的信息进行检查，右下角有两个按钮，一个是【生成项目】，另一个是【生成并开始】。如果点击【生成项目】，则这条信息会出现在【我的项目】→【未开始项目】菜单中；如果点击【生成并开始】，则会出现在【进行中项目】的下级菜单中。

②未开始项目。点击【我的项目】→【未开始项目】,弹出【未开始项目】页面,如下图所示。

③进行中项目。在项目中任职,便可在【我的项目】→【进行中项目】查看到相应的项目信息。项目右侧有三个按钮,分别是【日常工作】【查看项目】和【编辑项目】。

点击【日常工作】后,会直接跳转到【我的任务】→【日常工作】中,如下图。此内容会在【我的任务】中再具体介绍。

点击【查看项目】,会看到以下信息。其中,【项目概览】【项目人员】【单位工程】和【任务详情】都是在生成项目时填写的内容信息,如下图所示。

【项目进度】需要自己添加,如下图所示。

【项目资料】中包括【项目附件】和【归档资料】。其中,【归档资料】是在系统中所有提交的资料被审核完成后的归档,点击此处可查看。

【项目物资】可以对项目上的物资信息进行领用、登记管理。

点击【编辑项目】，此项只能由总监进行项目的编辑，包括项目信息的完善、项目成员和单位工程的增删等。在编辑项目中，由于项目模板已生成，所以不能进行模板的修改。

④已暂停项目。点击【我的项目】→【已暂停项目】，进入到【暂停中的项目】界面。

⑤已停工项目。点击【我的项目】→【已停工项目】，进入【停工中的项目】界面。

⑥已完成项目。点击【我的项目】→【已完成项目】,进入【已完成的项目】界面。

(3)项目任务

项目任务就是模板任务。其根据项目模板中的岗位进行自动分配。

①未领取任务。点击【项目任务】→【未领取任务】,进入【未领取任务】界面。

②进行中任务。点击【项目任务】→【进行中任务】,进入【进行中任务】界面。

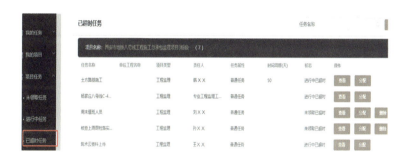

③已超时任务。点击【项目任务】→【已超时任务】,进入【已超时任务】界面。总监可以对已超时任务进行重新分配。

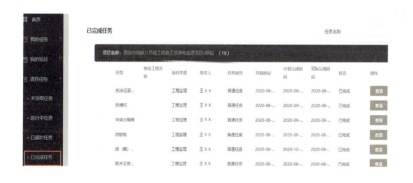

④已完成任务。点击【项目任务】→【已完成任务】,进入【已完成任务】界面,可以查看已完成项目。

⑤已送审任务。点击【项目任务】→【已送审任务】,进入【已送审任务】界面。

(4) 个人中心。

①我的日程。点击【个人中心】→【我的日程】,可以添加日程,相当于手机备忘录,对自己的工作内容计划起到一个提醒备忘的作用。

在弹出的对话框中,填写"日程标题",选择日程的"紧急程度",选择"开始时间"和"结束时间",将计划内容填入表中后,点击【确定】按钮,就添加了一个新的日程。

②通讯录。点击【个人中心】→【通讯录】,在弹出的选项卡中有两部分,分别是"通讯录"和"项目组"。

其中,"通讯录"为个人相关的人员通信信息。

"项目组"是项目组所有工作人员的联系方式。因为刚进入项目组,项目组中的人员之间还不熟悉,便可以通过这里的项目组查看项目工作人员的岗位以及电话信息。

3.专家在线系统

专家在线系统首页如下图所示,包括左面的项目菜单以及右上角的三个项目按钮。

(1)提问

点击右上角【提问】按钮,在弹出的对话框中对项目所遇到的疑难问题进行提问。

弹出如下图所示的界面,选择"问题分类",在"问题标题"文本框中输入用户想问的问题标题,在"备注"下的文本编辑框中将问题描述清楚,点击【提交问题】即可。

在提交之后，可以在【直问】→【我的提问】中查看问题状态及解答情况。

（2）发布委托。

点击右上角【发布委托】按钮，可以委托别人完成一些工作。后期可能会加入收费系统。

在弹出的对话框中填写完整的委托内容，上传附件，点击【提交问题】即可。

在提交之后,可以在【文件制作】→【我的发布】中查看委托状态及完成情况。

(3)文件审核。

若上传需审核的文件,则点击右上角的【文件审核】按钮。

弹出如下图所示的对话框,选择"业务分类""项目名称"以及"资料目录"。其中需要注意的是,需审核的文件只能上传三类文件和一项细则,包括"监理规划""评估报告""监理工作总结"以及"监理实施细则",并且只能由总监上传。

提交的所有文件在【文件审核】→【我的提交】中可以查看。在"问题状态"栏中将显示文件审核的进展状态。如下图所示，当资料显示被驳回时，就可以点击编号查看。

点击编号后，可以看到每一级审批的状态以及被驳回时给出的驳回意见。

查看完原因后，点击【返回】按钮即可返回到【文件审核】界面。点击该文件所在的【附件列表】右侧的三角按钮，在弹出的下拉菜单中选择文件并下载，在下载后的文件中按专家意见进行修改，然后点击【重新提交】按钮。

点击【重新提交】后弹出如下图所示的对话框，删除原有文档，上传修改完成的资料，重新提交。注意，所有资料在何处上传就在该处修改。

【文件审核】→【我的审核】只有总监才会有此审核权限。总监可以在此对上传的资料进行审批。

（4）资料。

【资料】中包括视频库、知识库和资料库，包含行业、企业的一些技术文件，用户可以点击查看或学习。

点击资料后，可以下载到本地，也可以收藏。

（5）我的。

①我的创作。用户可以在【我的创作】中创作资料库、知识库和视频库里的内容。操作方法：先点击【新建发布】按钮。

弹出如下图所示的对话框，可以在此处上传发布资料。

②我的项目。在【我的项目】中包括用户所在项目的详细信息，如下图所示。

点击进入项目后，可以查看项目的具体信息，如下图所示。

③我的文件库。【我的文件库】中包含所在项目的上传资料。

④我的收藏。【我的收藏】中包含用户收藏过的一些资料、视频等内容。

4.协同办公系统

（1）首页。

进入协同办公系统，会弹出重要"消息提醒"，这里是每日最新发布的通知公告内容；右下角有"待办流程"及"未读邮件"提醒；若计算机设备有音响，还会出现语音播报提醒。

协同办公系统首页如下图所示，点击绿色按钮，会弹出八个项目模块，点击任何一个都可进入对应模块中。其中，项目模块若为蓝色图标，则表示可以直接点击进入；如果图标是灰色，则说明没有该模块的权限。

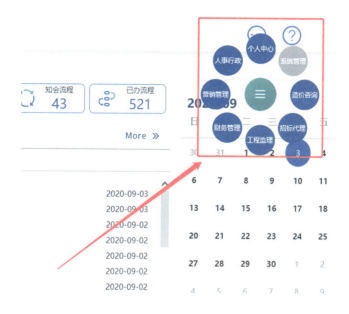

我的待办：指所有需要用户进行办理的流程。当上传文件被驳回时，也会在【我的待办】中出现。

点击【我的待办】，弹出如下图所示的对话框，在该对话框中会显示所有待办流程；如果是三类文件，就会在括号内显示云问。

我的申请：所有【我的申请】的流程。

我的项目：所在【我的项目】中的地图信息。

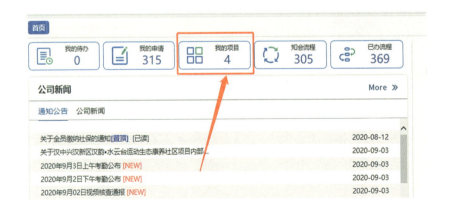

点击【我的项目】，弹出如下图所示的对话框。

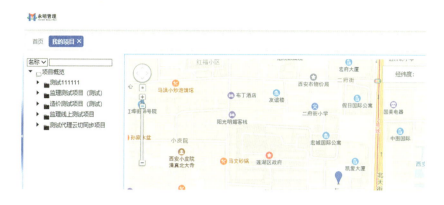

知会流程：所办理流程需要通知到某个人，则会对这个人进行知会，并在知会流程中显示。

已办流程：所有办理成功的流程。

通知公告：每日工作的第一件事，就是进入协同办公系统查看通知公告，公告里包括公司的最新制度、对项目情况的通报、奖惩信息等；也可以点击【More】查看历史公告。

点击【More】之后，可查看历史公告，也可以进行精确查询。

(2) 个人中心。

点击【个人中心】,进入个人中心界面。该界面的左侧为个人中心的子模块。

①我的邮件。点击【我的邮件】,可以显示所有收件信息和已发送信息,也可以进行精确搜索;点击【写信】,如下图所示。

与手机或者计算机上的邮箱使用方法类似。其优点是可以选择收件人和抄送人员；点击【搜索】，如下图所示。

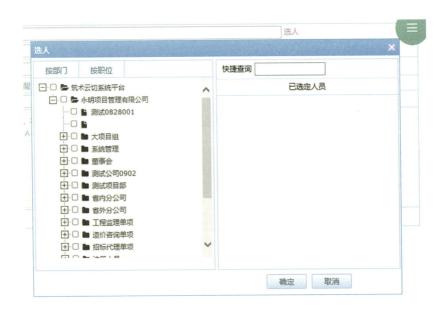

可以在左侧选择需要发送的人员或部门，也可以在右侧搜索框内进行"快捷查询"；点击【确定】按钮，填写邮件信息后就可以点击发送。可以发送给一个或者多个人。

②个人助理。外出登记：点击【个人助理】→【外出登记】，就可以查看到所有申请过的外出登记信息，点击右上角的加号进行外出申请。

填写外出申请表单，右侧为申请流程的具体过程。

③行政办公。物品申领：点击【行政办公】→【物品申领】，可以申领所需的办公用品，点击右上角的加号按钮即可申请。

填写物品申领表单,如下图所示。

车辆使用:点击【行政办公】→【车辆使用】,点击右上角的加号按钮就可以申请。

填写车辆使用申请表单,如下图所示。

会议申请：点击【行政办公】→【会议申请】，预定会议室，点击右上角的加号按钮即可申请。

填写会议室预定表单，如下图所示。

举报投诉：点击【行政办公】→【举报投诉】，点击右上角的加号按钮，可以进行举报投诉。

填写表单,如下图所示。

接待登记:【行政办公】→【接待登记】,点击右上角的加号,如下图所示。

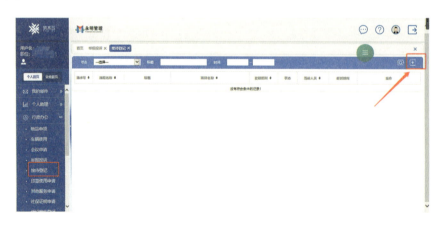

填写接待登记表单，如下图所示。

印章使用申请：【行政办公】→【印章使用申请】，点击右上角的加号按钮，凡不需项目部盖章的，均可在此处申请。

填写申请表单，如下图所示。

其他服务申请：【行政办公】→【其他服务申请】，点击右上角的加号按钮，如下图所示。

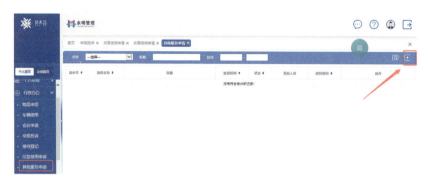

填写申请表单，如下图所示。

社保证明申请：【行政办公】→【社保证明申请】，点击右上角的加号按钮，如下图所示。

填写开具社保证明申请表单,如下图所示。

诉讼案件登记:【行政办公】→【诉讼案件登记】,点击【发起流程】按钮。

在弹出的对话框中填写诉讼案件登记表单,如下图所示。

④考勤记录。点击【考勤记录】→【考勤记录】，可以查看指定时间的考勤记录信息。

⑤财务管理。点击【财务管理】→【我的费用】，可查看借款总计、还款总计及报销情况详情，如下图所示。

借款申请：【财务管理】→【借款申请】，点击右上角的加号按钮，可以申请借款。

填写借款申请表单，如下图所示。

还款申请:【财务管理】→【还款申请】，点击右上角的加号按钮，可对已结款项进行还款。

填写还款申请单,如下图所示。

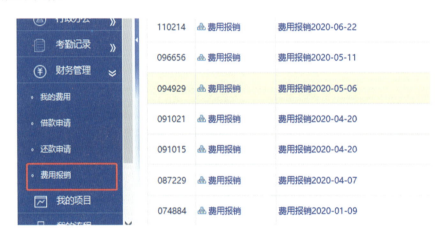

费用报销:【财务管理】→【费用报销】,点击右上角的加号按钮,可进行报销申请。

填写费用报销申请表单,如下图所示。

⑥我的项目。与首页中我的项目相同，点击【我的项目】，即可显示所在项目的位置信息，如下图所示。

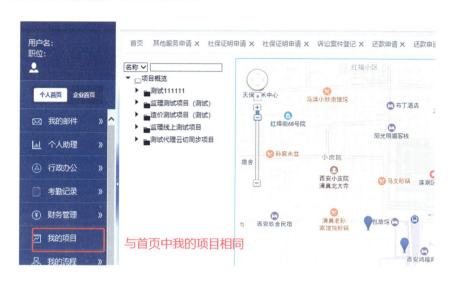

⑦日志管理。点击【日志管理】→【我的日志】，选择钢笔图样便可以填写每天的日志信息。

（3）人事行政。

人事行政也是比较常用的一个模块。其中，较为常用的是以下三部分。

①行政-会议管理。

预定会议室：点击【行政-会议管理】→【预定会议室】，点击右上角的加号按钮，可以对会议室进行预约，也可以看到已被预约的会议室。

填写表单，如下图所示。

② 行政-文档中心。

文档中心：点击【行政-文档中心】→【文档中心】，可以查看并学习所有部门的文档资料。如果没有权限，则联系对应部门，开通权限即可。

③通讯录。

内部通讯录：点击【通讯录】→【内部通讯录】，可以查看所有人员的联系方式。

（4）营销管理。

营销管理主要是营销部门对分公司的管理模块，如下图所示。

①分公司成立申请：点击【分公司】→【分公司成立申请】→【发起流程】。

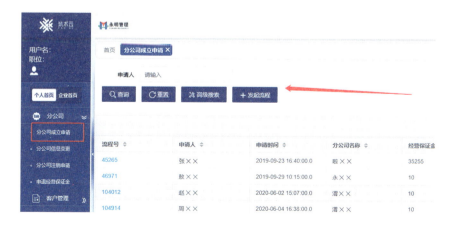

填写表单，如下图所示。

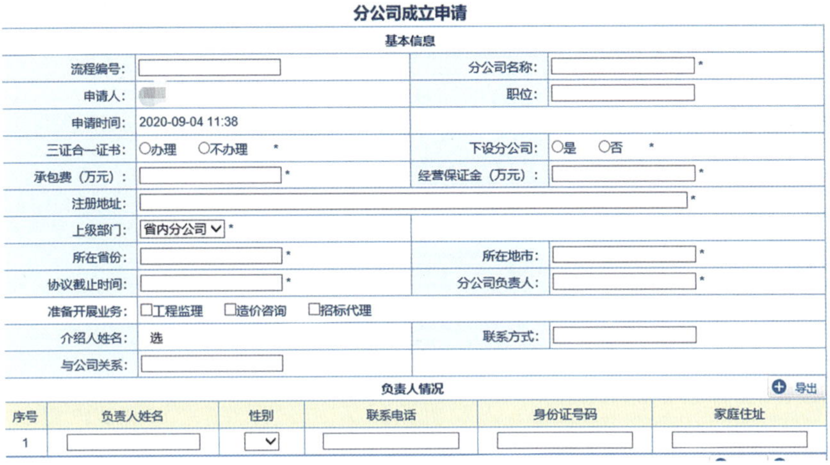

②分公司信息变更：点击【分公司】→【分公司信息变更】→【发起流程】。

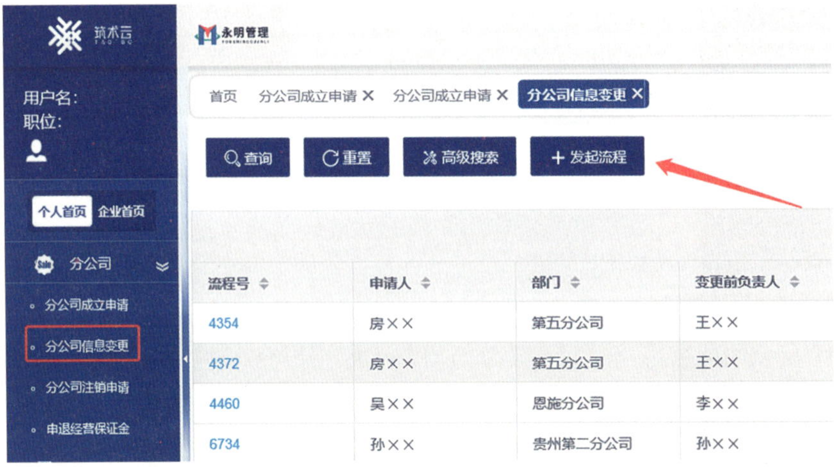

填写表单，如下图所示。

③分公司注销申请：点击【分公司】→【分公司注销申请】→【发起流程】。

填写表单，如下图所示。

④申退经营保证金：【分公司】→【申退经营保证金】→【发起流程】。

填写表单，如下图所示。

（5）财务管理。

所有与财务相关的信息都在财务管理中。

①费用管理。借款申请：点击【费用管理】→【借款申请】→【发起流程】。

填写表单，如下图所示。

报销申请：点击【费用管理】→【报销申请】→【发起流程】。

填写表单，如下图所示。

领款申请：点击【费用管理】→【领款申请】→【发起流程】。

填写表单，如下图所示。

费用预申请：点击【费用管理】→【费用预申请】→【发起流程】。

填写表单，如下图所示。

专家劳务费申请：点击【费用管理】→【专家劳务费申请】→【发起流程】。

填写表单，如下图所示。

②发票管理。发票开具登记：点击【发票管理】→【发票开具登记】→【发起流程】。

填写表单，如下图所示。

发票作废登记：点击【发票管理】→【发票作废登记】→【发起流程】。

填写表单，如下图所示。

成本发票登记：点击【发票管理】→【成本发票登记】→【发起流程】。

填写表单，如下图所示。

③项目费用。项目费用中的所有流程与工程监理中的流程信息相同，请读者查看本节（6）部分内容。

④账户管理。开户申请：点击【账户管理】→【开户申请】→【发起流程】。

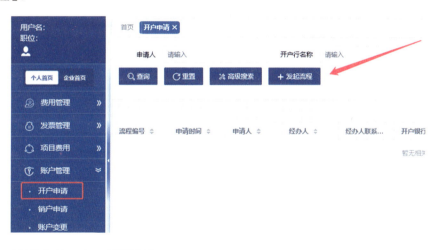

填写表单，如下图所示。

销户申请：点击【账户管理】→【销户申请】→【发起流程】。

填写表单，如下图所示。

账户变更：点击【账户管理】→【账户变更】→【发起流程】。

填写表单，如下图所示。

账户信息申报：点击【账户管理】→【账户信息申报】→【发起流程】。

填写表单，如下图所示。

⑤财务资料。财务资料借用：点击【财务资料】→【财务资料借用】→【发起流程】。

填写表单，如下图所示。

财务资料上报：点击【财务资料】→【财务资料上报】→【发起流程】。

填写表单，如下图所示。

（6）工程监理。

在筑术云系统中，工程监理一般的工作流程，如下图所示。

由于一个项目只能由一家公司管理，所以遵循先到先得。业务机会申请的操作步骤为：

①点击【业务机会申请】，会生成一个业务编号，此编号贯通整个流程。其中，申请人及部门等都会自动被带出，无需人工填写。

②在申请完成之后，点击【注册人员使用登记】，开始进行合同登记前的准备工作，如业绩借用、社保证明、介绍信、委托书等。其中，代交款项申请和代交款项退还也是在合同登记之前需要准备的工作。

③点击【合同登记】，在合同登记完成之后，会生成合同编号，合同编号也会在后续流程中自动生成；此时就会在项目管理系统中的【未生成项目】生成一条项目信息，同时在项目运行过程中进行与费用相关的流程。以下是根据工作流程在系统中的列表信息。

a.项目报备。

业务机会申请：点击【项目报备】→【业务机会申请】，进行报备；点击【发起流程】。

填写表单，如下图所示。

b.项目流程。

注册人员使用申请：点击【项目流程】→【注册人员使用申请】，点击【发起流程】。

填写表单，如下图所示。

项目印章启用函：点击【项目流程】→【项目印章启用函】→【发起流程】。

填写表单，如下图所示。

标准化物资申请：点击【项目流程】→【标准化物资申请】→【发起流程】。

填写表单，如下图所示。

介绍信、委托书：点击【项目流程】→【介绍信、委托书】→【发起流程】。

填写表单，如下图所示。

开具社保证明申请：点击【项目流程】→【开具社保证明申请】→【发起流程】。

填写表单，如下图所示。

证件CA锁借用申请：点击【项目流程】→【证件CA锁借用申请】→【发起流程】。

填写表单，如下图所示。

业绩借用申请：点击【项目流程】→【业绩借用申请】→【发起流程】。

填写表单，如下图所示。

财务资料借用：点击【项目流程】→【财务资料借用】→【发起流程】。

填写表单，如下图所示。

监理项目进度申报：点击【项目流程】→【监理项目进度申报】→【发起流程】。

填写表单，如下图所示。

合同登记：点击【项目流程】→【合同登记】→【发起流程】。

填写表单，如下图所示。

补充协议登记：点击【项目流程】→【补充协议登记】→【发起流程】。

填写表单，如下图所示。

印章使用申请：点击【项目流程】→【印章使用申请】→【发起流程】。

填写表单,如下图所示。

c. 费用管理

代交款项申请:点击【费用管理】→【代交款项申请】→【发起流程】。

填写表单,如下图所示。

代交款项退还：点击【费用管理】→【代交款项退还】→【发起流程】。

填写表单，如下图所示。

缴纳注册人员使用费：点击【费用管理】→【缴纳注册人员使用费】→【发起流程】。

填写表单，如下图所示。

注册人员使用费退款：点击【费用管理】→【注册人员使用费退款】→【发起流程】。

填写表单，如下图所示。

项目付款结算：点击【费用管理】→【项目付款结算】→【发起流程】。

填写表单，如下图所示。

发票开具登记：点击【费用管理】→【发票开具登记】→【发起流程】。

填写表单，如下图所示。

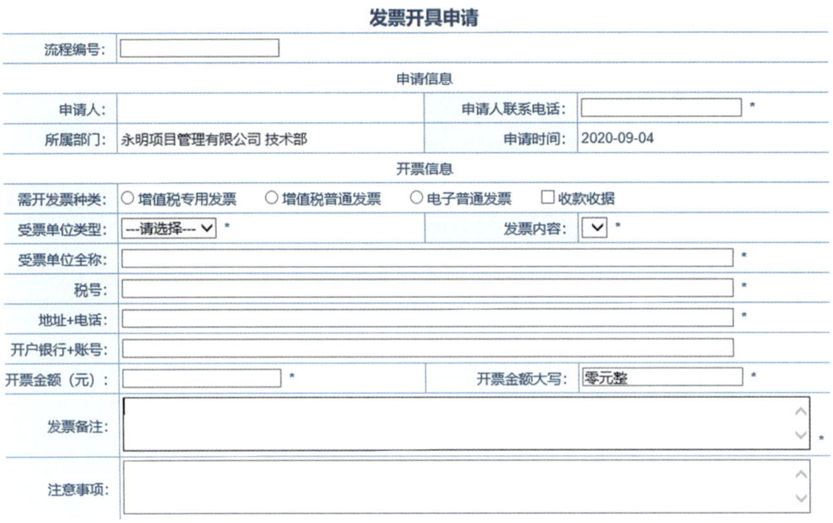

发票作废登记：点击【费用管理】→【发票作废登记】→【发起流程】。

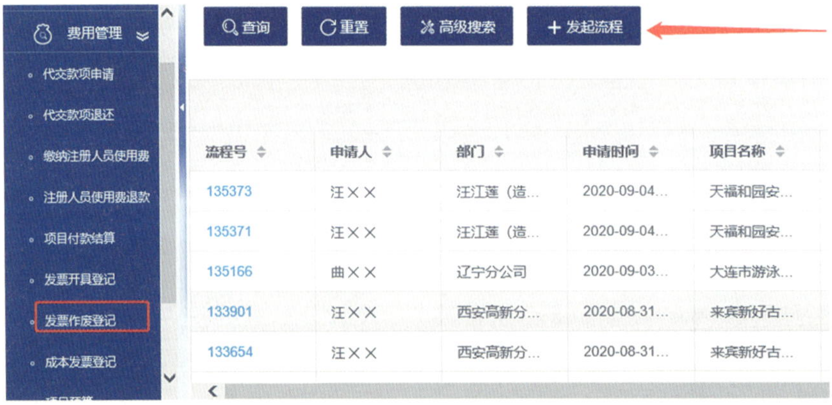

填写表单，如下图所示。

成本发票登记：点击【费用管理】→【成本发票登记】→【发起流程】。

填写表单，如下图所示。

项目预算：点击【费用管理】→【项目预算】→【发起流程】。

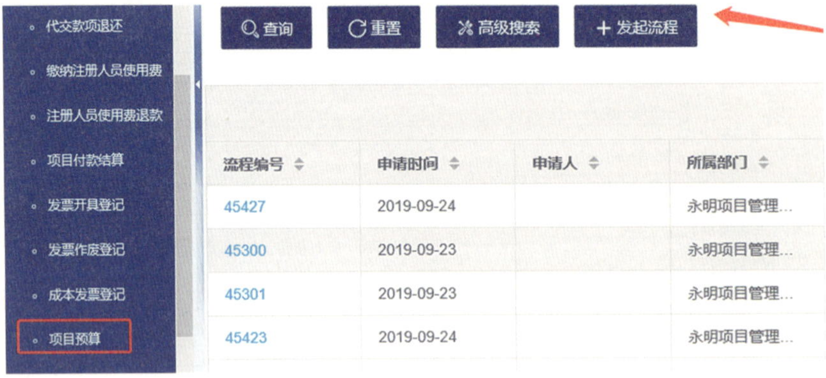

填写表单，如下图所示。

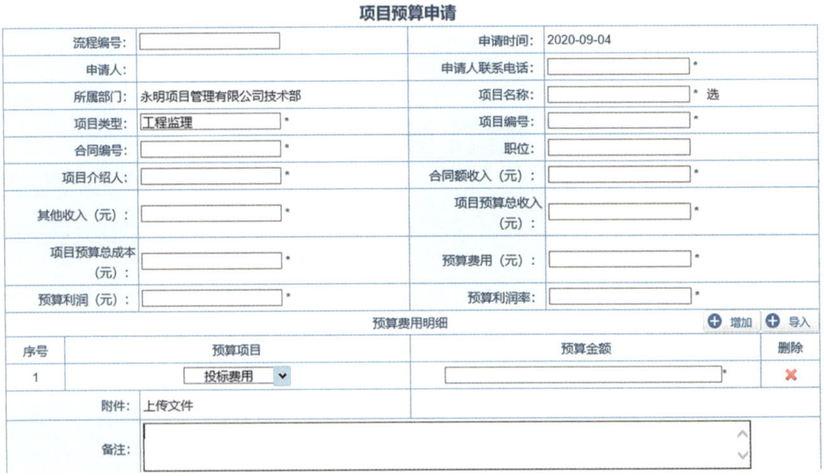

项目决算：点击【费用管理】→【项目决算】→【发起流程】。

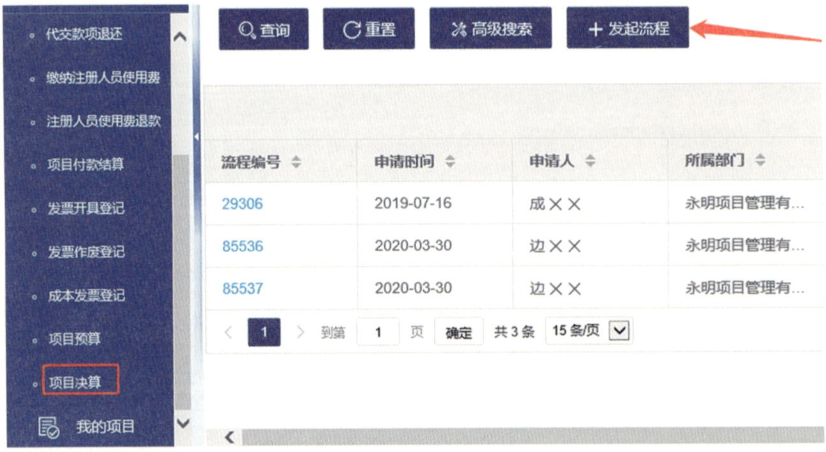

填写表单，如下图所示。

（7）招标代理。

招标代理与工程监理流程类似，只是项目流程与费用管理中需填写表单的内容不同。以下为招标代理新增表单的内容。

①项目流程。

框架合同登记：点击【项目流程】→【框架合同登记】→【发起流程】。

填写表单，如下图所示。

框架合同登记申请

项目信息			
业务编号：	选	业务名称：	*
业务类型：	*	业务性质：	*
登记人信息			
登记人：		联系电话：	*
所属部门：	永明项目管理有限公司 技术部	是否使用电子章：	○是 ○否 *
合同信息			
合同编号：	*	合同名称：	*
签订日期：	2020-09-04	用印类型：	□公章 □法人章 □分公司公章 合同章
甲方签约单位：	*	业主地址：	
甲方签约人：	*	甲方联系电话：	*
乙方签约单位：	*	乙方签约人：	*
获取方式：	直接委托 *	行业性质：	房屋建筑工程
项目来源：	局内	工程总投资（万元）：	*
工程规模及概况：			

标书制作：点击【项目流程】→【标书制作】→【发起流程】。

填写表单，如下图所示。

标书制作申请

项目名称：	*	项目编号：	* 选
建设单位：	*	招标代理单位：	*
项目地址：	*	申请人：	
所属部门：	永明项目管理有限公司 技术部	申请日期：	2020-09-04
招标性质：	*	报名截止日期：	*
招标联系人：	*	招标联系人电话：	*
招标地址：	*	招标文件：	上传文件 *
投标保证金：	*	保证金递交截至日期：	*
投标日期：	*		
标书制作			
制作人：	选	制作日期：	
制作说明：		标书附件：	上传文件
部门经理审核：			

投标结果说明：点击【项目流程】→【投标结果说明】→【发起流程】。

填写表单，如下图所示。

分公司自主签章授权：点击【项目流程】→【分公司自主签章授权】→【发起流程】。

填写表单，如下图所示。

②费用管理。

代理保证金确认：点击【费用管理】→【代理保证金确认】→【发起流程】。

填写表单，如下图所示。

代理保证金退还：点击【费用管理】→【代理保证金退还】→【发起流程】。

填写表单，如下图所示。

（8）造价咨询。

造价咨询的流程与工程监理、招标代理相似，并且所有表单信息均已包含在工程监理与招标代理中。

5. 远程监控系统

（1）登录。

输入账号及密码，点击登录按钮，如下图所示，进入视频监控系统。

（2）在该视频监控系统中，可以查看远程视频监控信息，左下方有许多功能按钮。其中，点击"声音"按钮，可以播放监控画面实时音频；点击"高清"按钮，可以调整画面清晰度；点击"语音"按钮，可以和现场进行语音对讲；如果监控设备为球机，还可以通过转动云台，多方位监控；通过点击"变倍"按钮，可以查看项目现场的重点部位和关键点；点击"卡录像"按钮，可以查看历史监控视频。

在左侧的搜索框中，通过搜索设备名称，可对需要查看的视频进行精确的搜索。

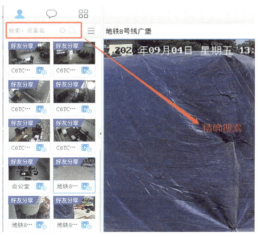

点击右下角的画面分割按钮，可以对画面进行分割，并可以一次查看多个画面信息。

6.视频会议系统

(1)作为参会者入会。

点击"加入一场会议"按钮,在弹出的对话框中输入"姓名"和"密码"参会,如下图所示;如果是分公司,就须备注分公司的名称。

会议密码会在筑术云通知公告中发布，如下图所示。

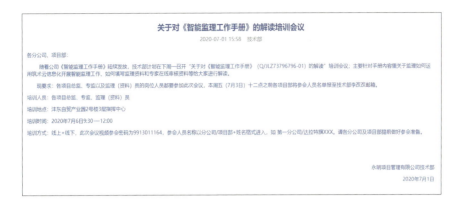

（2）作为主讲人举办会议。

点击"登录"按钮，在弹出的"请选择登录方式"对话框中，选择登录方式，如下图所示。

这里选择"使用电脑语音"参会。

进入会议界面后,主讲人可对参会人员进行点名签到,也可以通过语音或视频进行对话;在界面左下角可以"邀请参会人",要求"全体静音","录制"视频,以及"锁定会议",不允许再进人,还可以点击"聊天"按钮,进入聊天模式。

点名情况如下图所示。

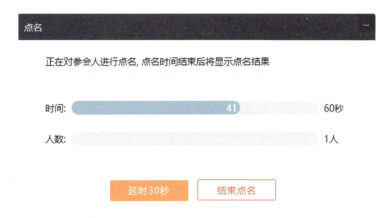

7. 指挥中心

选择【指挥中心】选项，如下图所示。

下图所示为指挥中心首页面，包含所有项目的概况信息。

在搜索框中进行精确搜索查找项目，点击搜索出来的绿色图标，如下图所示。

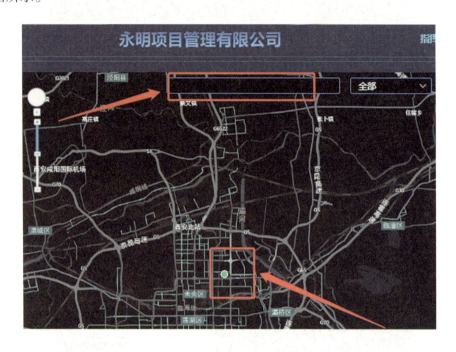

点击进入项目后，可以看到项目的详细信息、项目概况。如果项目中有摄像头，也可以查看实时监控及历史视频；如果项目配备有无人机，则可以实行无人机推流，实时监测项目现场状况，如下图所示。

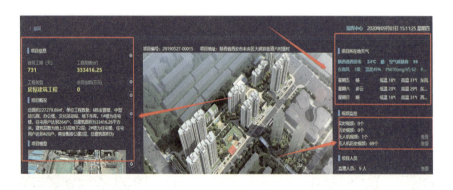

实时视频查看,如下图所示。

无人机历史视频查看,如下图所示。

点击"项目人员"栏中右侧的"查看"按钮,可以显示项目所有人员的到岗情况;还可以与项目人员实时连线,以视频通话方式检查项目情况。

8. 筑术云手机 App 基本操作

（1）下载安装与登录。

在手机应用商城中搜索"筑术云"点击下载并安装，如下图左所示；在安装完成后，打开手机 App 进入登录页面，输入账号和密码进行登录即可，如下图右所示。

（2）在正确登录后，点击下方菜单栏，可进行项目管理、协同办公和指挥中心的切换。

点击"项目"菜单图标，可进入项目管理系统，与电脑版一致，可发起并完成项目日常工作，如下图左所示。

点击"工作"菜单图标，可进入协同办公系统，与电脑版一致，可完成日常业务流程提交，如下图右所示。

(3)个人指挥中心。

点击"指挥"菜单图标,进入个人指挥中心,可在指挥中心中看到参与或管理的所有项目,如下图左所示。

点击地图上的标注点,或在搜索栏中搜索项目名称,点击进入项目,即可进入项目查看页面并查看项目所有信息,如下图右所示。

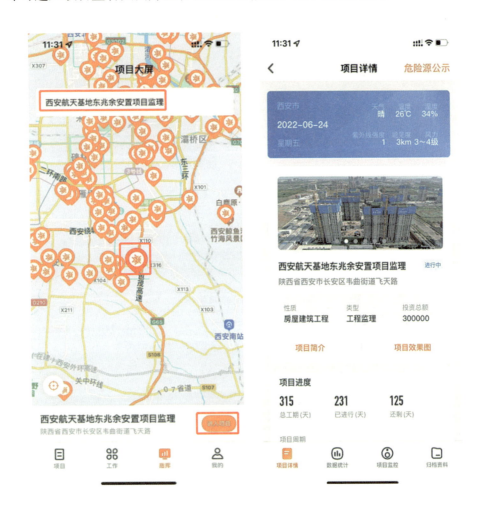

(4)项目视频监控及连线。

在项目页面下,选择对应菜单,可查看对应信息。例如,选择"项目人员"即可进入项目人员信息查看页面,如下图左所示。

点击人员名单右侧的"呼叫"按钮,即可与项目人员进行视频通话,如下图右所示。

五、筑术云智能检查技术应用

1. 准备工作

(1)参加检查人员。

①公司培训辅导人员:到位。

②现场监理人员:到位。

③施工单位相关质量安全管理人员：到位。

（2）检测工具与检查方法、数量。

按相关规范规定的检测工具与检查方法、数量执行。

2. 质量（安全）巡视/检查表的生成及打印

（1）质量巡查/检查。

①现场登录手机App版筑术云进入项目管理系统，点击【日常任务】图标，进入【质量巡查/检查】列表。如果页面中没有要检查的项目，可点击"编辑"按钮添加即可。

②进入【质量巡检】列表页面，点击【开始检查】，如下图左所示，弹出【选择检查项】对话框，选择对应规范（以建筑装饰装修为例）名称，如下图右所示。

③系统自动跳转至下一页，选择需要检查项的内容，如选择【抹灰工程】→【一般抹灰工程】，点击【确定】按钮完成检查项目的添加。

④在完成添加后，须填写基础信息，点击【编辑检查】进入现场对应检查项进行检查。

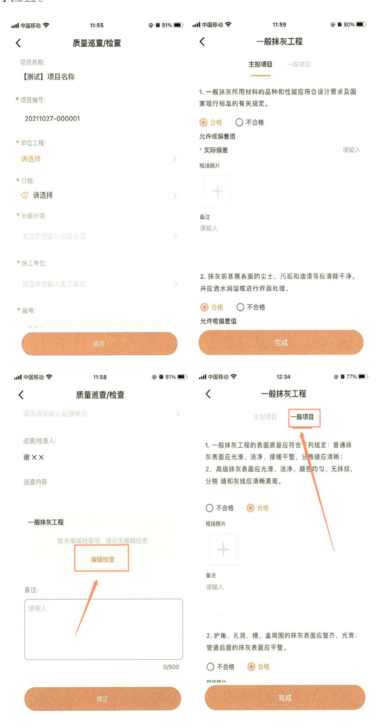

⑤现场对应检查项进行检查须判断是否合格（需要实测实量填写相应数据）以及上传现场拍摄的实时照片；如有特殊情况，可在备注栏备注，并逐项检查【主控项目】和【一般项目】。在对应检查项都检查完成之后，点击【完成】按钮，该检查项就完成了。

⑥在依次完成现场对应所有检查项之后，会弹出【仅保存】【发联系单】【发通知单】【发暂停令】选择。用户只需根据情况选择对应操作项，点击【确定】按钮即可，如下图所示。

⑦在现场保存记录，生成一条检查记录。点击保存的记录即可进入文件进行查看，如下图所示。

⑧点击【预览】图标,即可查看文件表单生成的结果,如下表所示。

质量检查表

项目名称:　　　　　　　　　　　　　　编号:

建设单位	某开发公司	施工单位	
监理单位		部位	
执行标准	《建筑装饰装修工程质量验收标准》GB 50210-2018		

序号	主控项目	允许偏差	实际偏差	是否合格	检查方法	备注
1	抹灰层与基层之间及各抹灰层之间应粘结牢固,抹灰层应无脱层和空鼓,面层应无裂缝	/	空鼓	否	观察;用小锤轻击检查;检查施工记录	
2	抹灰工程应分层进行,当抹灰总厚度大于或等于35mm时,应采取加强措施。不同材料基体交接处表面的抹灰应采取防止开裂的加强措施,当采用加强网时,加强网与各基体的搭接宽度不应小于100mm	/	98	否	检查隐蔽工程验收记录和施工记录	
3	抹灰前基层表面的尘土、污垢和油渍等应清除干净,并应洒水润湿或进行界面处理	/	/	是	检查施工记录	
4	一般抹灰所用材料的品种和性能应符合设计要求及国家现行标准的有关规定	/	/	是	检查产品合格证书、进场验收记录、性能检验报告和复验报告	

序号	一般项目	允许偏差	实际偏差	是否合格	检查方法	备注
1	有排水要求的部位应做滴水线(槽)。滴水线(槽)应整齐顺直,滴水线应内高外低,滴水槽的宽度和深度应满足设计要求,且均不应小于10mm	/	/	是	观察:尺量检查	
2	抹灰分格缝的设置应符合设计要求,宽度和深度应均匀,表面应光滑,棱角应整齐	/	/	是	观察:尺量检查	
3	抹灰层的总厚度应符合设计要求,水泥砂浆不得抹在石灰砂浆层上;罩面石膏灰不得抹在水泥砂浆层上	/	/	是	检查施工记录	
4	护角、孔洞、槽、盒周围的抹灰表面应整齐、光滑,管道后面的抹灰表面应平整	/	/	是	观察:手摸检查	
5	一般抹灰工程的表面质量应符合下列规定: 1.普通抹灰表面应光滑、洁净、接槎平整,分格缝应清晰; 2.高级抹灰表面应光滑、洁净、颜色均匀、无抹纹,分格缝和灰线应清晰美观	/	/	是	观察:手摸检查	

签字栏	施工单位负责人: 　　　　　年　月　日	监理工程师: 　　　　　年　月　日

(2)安全巡查/检查。

①登录手机App版筑术云进入项目管理系统,点击【日常任务】图标,选择"安全巡查/检查"。如果页面中没有要检查的项目,则点击"编辑"按钮即可添加。

②进入【安全巡检】列表页面,点击【开始检查】按钮,进入【选择检查项】对话框,选择对应检查项(以施工升降机为例),点击【确定】按钮。

③完成检查项目的添加，点击【编辑检查】按钮，如下图所示。

④现场对应检查项进行检查后要判断是否合格以及上传现场实时拍摄的照片。在检查项结束之后，点击【完成】按钮，该检查项就完成了。再点击【保存】按钮，选择【仅保存】选项完成现场检查。如下图所示。

⑤在现场保存记录，会生成一个检查记录。点击保存的检查记录即可进入文件进行查看。

⑥点击【预览】按钮，可查看文件表单生成的结果，如下表所示。

危大工程安全监理日巡视检查记录

分部工程名称：施工升降机　　　　　　　　　　日期：2022-06-16

项目名称	【测试】项目名称		
巡视工程部位			
总承包单位	陕建某公司	项目经理	
专业分包单位		项目经理	
执行标准	《建筑施工升降机安装、使用、拆卸安全技术规程》JGJ 215—2010		
天气情况	多云		
序号	检查项目	检查内容	检查结果是否合格	备注

续表

1	安全装置	施工升降机是否安装起重重量限制器,并灵敏可靠	是	
		施工升降机是否安装渐进式防坠安全器并灵敏可靠,防坠安全器是否在有效的标定期内	是	
		对重钢丝绳是否安装防松绳装置,并灵敏可靠	是	
		底架应安装吊笼和对重缓冲器,缓冲器是否符合国家现行相关标准要求	是	
		施工升降机是否安装一对以上安全钩	是	
2	限位装置	施工升降机是否安装非自动复位型极限开关,并灵敏可靠	是	
		施工升降机是否安装自动复位型上、下限位开关,并灵敏可靠	是	
		上极限开关与上限位开关之间的安全越程是否符合国家现行相关标准要求	是	
		极限开关、限位开关是否设置独立的触发元件	是	
3	防护设施	吊笼和对重升降通道周围是否设置高度不小于2m的防护围栏	/	
		围栏门、吊笼门均是否安装机电连锁装置,并灵敏可靠	/	
		停层平台两侧是否按临边作业要求设置防护,并实行多班作业,是否填写交接班记录	/	
		施工升降机是否安装信号联络装置(呼叫器),并应清晰、完好有效	/	
		施工升降机是否按规定的时间间隔进行超载试验和额定载重量坠落试验	/	
4	导轨架	导轨架垂直度是否符合国家现行相关标准要求	/	
		标准节质量是否符合产品说明书要求	/	
		对重导轨材质与接头是否符合国家现行相关标准要求	/	
		标准节连接螺栓使用应符合产品说明书要求	/	
5	基础	基础形式、材料、尺寸是否符合产品说明书要求,并应履行验收手续	/	
		基础设置在既有结构上时,是否对其支承结构进行承载力验算	/	
		基础是否设置防水、排水设施	/	
6	电气安全	吊笼是否安装非自动复位型急停开关,任何时候均可切断控制电路停止吊笼运行	/	
		施工升降机在其他避雷装置保护范围以外时,是否按国家现行相关标准要求设置避雷装置	/	

续表

6	电气安全	施工升降机的金属结构和所有电气设备系统金属外壳应进行可靠接地	/	
		施工升降机与架空线路安全距离或防护措施是否符合国家现行相关标准要求	/	
		电缆导向架设置是否符合产品说明书要求	/	
		吊笼顶窗是否安装电气安全开关,并灵敏可靠	/	
监理对存在的问题处理意见		无	/	
监理巡视人员(签字) 日期:			总包单位专职安全管理人员(签字) 日期:	

本表由监理人员填写建档留存。

3. 监理通知单/工程暂停令等表单生成及打印要求

(1)监理通知单表单生成及打印要求。

①在现场巡视检查完成后,对于存在的问题,需要签发监理通知单,选中【发通知单】,系统会跳转到"(新)监理通知单"页面,完成基础信息的填写。

②如果检查列项存在不合格问题，系统就会直接显示通知单的内容，在编写完成后，可选择保存，也可直接送审。

③在现场保存记录，会生成一个检查记录。点击保存的记录即可查看进入文件，如下图所示。

④点击【预览】按钮可查看文件表单生成的结果，如下图所示。

监理通知单

工程名称:(工程名称全称)　　　　　　　　　　　　　　编号:

致：(施工项目部全称) （施工项目经理部）

　　事由：关于_____质量/安全问题。

　　内容：年 月 日，经监理对_____部位/工序施工质量/安全巡视检查中发现_____部位/工序施工存在以下质量/安全问题：

_____
_____
_____
_____
_____
_____

　　针对上述问题不符合设计及相关规范要求，限于 年 月 日整改完成，合格后报监理复查。

后附问题图片。

　　　　　　　　　　　　　　　项目监理机构（盖章）：
　　　　　　　　　　　　　　　总/专业监理工程师（签字）（手签）：
　　　　　　　　　　　　　　　××××年××月××日（手写）

| 施工项目经理部
签收人姓名及时间 | | 建设单位
签收人姓名及时间 | |

注：本表一式三份，项目监理机构、建设单位、施工单位各一份。

（2）工程暂停令表单生成及打印要求。

①在现场巡视检查完成后，对于存在的问题需要签发监理通知单：选中【发暂停令】，系统会自动跳转到发工程暂停令页面，完成基础信息的填写，如下图所示。

②在检查列项如有不合格的项目，系统会直接显示工程暂停令内容，在现场编写完成后，可选择保存，也可直接送审。

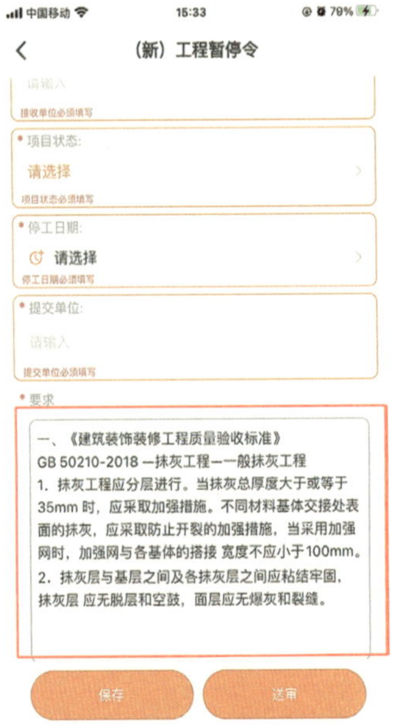

③在现场保存记录，会生成一个检查记录。点击保存的记录即可进入并查看文件。

④点击【预览】按钮，查看文件表单生成的结果，如下图所示。

工程暂停令

工程名称：_____×××单位工程_____　　　　　　　　　　　编号：_____

施工项目经理部 签收人姓名及时间		建设单位 签收人姓名及时间	

致：_____（施工项目经理部）

　　由于_____

_____原因，现通知你方于_____年_____月_____日_____时_____分起，暂停_____部位（工序）施工，并按下述要求做好后续工作。

　　要求：

　　　　　　　　　　　　　　　　　　　　　监理机构（章）：

　　　　　　　　　　　　　　　　　　总监理工程师（签字及执业印章）：

　　　　　　　　　　　　　　　　　　　　　　　　年　　月　　日

注：本表一式三份，项目监理机构、施工项目经理部、建设单位各一份。

4.质量(安全)旁站记录表的生成及打印

(1)安全旁站记录。

①登录手机App版筑术云进入项目管理系统,点击【日常任务】,在弹出的界面中选择【安全旁站记录】,以检查列表。

②进入【安全旁站记录】列表页面,点击【添加】按钮,如下图所示。

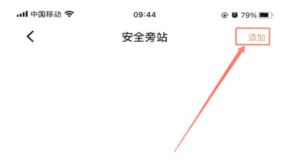

③弹出【选择检查项】对话框，选择对应项（如基坑工程）中的具体检查列项（如土方开挖），点击【确定】按钮，如下图所示。

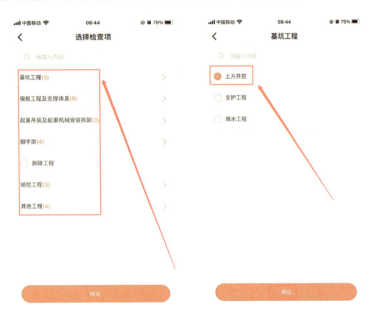

④在完成检查项目的添加后，下滑手机页面，点击【编辑检查】按钮，现场对检查项进行检查并判断是否合格，以及上传现场实时拍摄的照片，包括整改前和整改后的照片。在检查项结束之后，点击【完成】按钮，即此次旁站工作就完成了，如下图所示。

⑤在依次完成现场对应检查项和旁站工作后，点击【仅保存】本次记录，现场检查结束；也可以把旁站记录送审。

⑥在现场保存记录，会生成一个检查记录。点击保存的记录即可进入并查看文件，如下图所示。

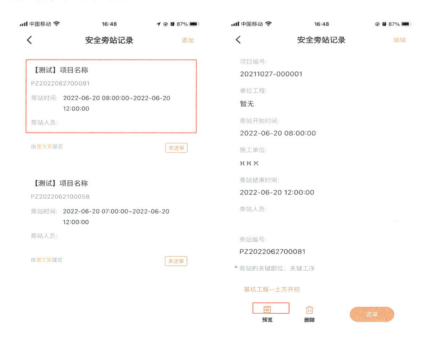

⑦点击【预览】按钮，可查看文件表单生成的结果，如下图所示。

危大工程安全监理旁站记录

项目名称：【测试】项目名称　　　　　　　　　　编号：PZ2022062700081

分部分项	基坑工程	施工单位	×××
旁站的关键部位、关键工序	5号楼土方开挖		
旁站开始时间	2022-06-20 08:00	旁站结束时间	2022-06-20 12:00

旁站的关键部位、关键工序施工情况：
1.施工方案是否编制并报监理审批确认；
2.施工单位安全管理人员以及质量管理人员是否到岗，特种作业人员是否持证上岗；
3.作业人员是否进行方案的技术交底以及组织进行三级安全教育；
4.现场管理人员3人，现场作业人员6人；
5.基坑周边防护措施、安全标识设置是否到位；
6.作业机具型号数量3台/个；
7.施工机具是否存在"带伤"作业；
8.施工单位是否按照报监理审核通过的施工方案、开挖顺序执行；
9.围护桩表面松散泥土是否清理干净，桩间是否存在渗水现象；
10.施工单位的施工人员是否对标高进行校对；
11.基坑监测数据结果是否符合规范要求
发现的问题及处理情况：
1.作业人员未进行方案的技术交底以及组织进行三级安全教育。
2.基坑周边防护措施、安全标识设置未到位。
针对以上问题，旁站监理人员现场督促施工单位进行整改，整改及结果符合要求。

旁站监理人员：

（签字）：

注：本表一式一份，项目监理机构留存。

（2）质量旁站记录表的生成及打印。

①登录手机App版筑术云进入项目管理系统，点击【日常任务】图标，在弹出的界面中选择页面【质量旁站记录】选项，检查列表，如下图所示。

②弹出【质量旁站】列表页面，点击【添加】按钮。

③弹出【选择检查项】对话框，选择对应项（如土方回填），点击【确定】按钮，完成检查项目的添加。下滑手机页面，填写基础信息，完成后点击【编辑检查】按钮。

④在现场对检查项进行检查并判断是否合格,以及上传现场实时拍摄的照片,包括整改前和整改后的照片。在检查项结束之后,点击【完成】按钮。

⑤在依次完成现场对应检查项之后，旁站工作即完成。最后选中【仅保存】选项以保存本次记录，如下图所示。现场检查结束，其中，送审就是把旁站记录送审至专家在线平台。

⑥在现场保存记录，会生成一个检查记录。点击保存的记录即可进入并查看文件，如下图所示。

⑦点击【预览】按钮，可查看文件表单生成的结果，如下图所示。

工程质量监理旁站记录

项目名称：【测试】项目名称　　　　　　　　　　　　　　编号：

分部分项	混凝土浇筑	施工单位	***建西安分公司
旁站的关键部位、关键工序	\multicolumn{3}{c}{5号楼3层楼板面D/H轴—D/K轴}
旁站开始时间	2022-06-20 06:00	旁站结束时间	2022-06-20 16:00

旁站的关键部位、关键工序施工情况：

1. 施工方案是否编制，并报监理审批确认；
2. 施工单位是否按照报监理审核通过的施工方案执行；
3. 施工单位安全管理人员以及质量管理人员是否到岗，特种作业人员是否持证上岗；
4. 现场管理人员4人，现场作业人员10人；
5. 作业人员是否进行方案的技术交底以及组织进行三级安全教育；
6. 作业机具型号地泵数量1台/个，作业机具型号震动棒数量12台/个；
7. 混凝土的报告是否符合设计要求；
8. 混凝土强度、标号C30；
9. 现场混凝土坍落度实测值185mm、190mm、180mm；
10. 混凝土浇筑的总方量190m³，现场留置6组试块；
11. 浇筑混凝土时，是否振捣到位；
12. 检查模板是否变形，浇筑过程是否漏浆；
13. 浇筑混凝土时，是否为连续性浇筑；
14. 混凝土出厂时间6：05，入模时间6：30；
15. 成品保护是否到位

发现的问题及处理情况：

1. 作业人员未进行方案的技术交底，以及组织进行三级安全教育。
2. 浇筑混凝土过程中未振捣到位。

针对以上问题，旁站监理人员现场督促施工单位进行整改，整改结果符合要求。

　　　　　　　　　　　　　　　　　　　　旁站监理人员：

　　　　　　　　　　　　　　　　　　　　　（签字）：

5. 安全验收表的生成及打印

（1）安全验收。

①登录手机App版筑术云进入项目管理系统，点击【日常任务】，在弹出的界面中选择【安全验收】选项，以检查安全验收列表。

②弹出【安全验收】对话框，点击【开始检查】按钮，在弹出的【选择检查项】对话框中选择验收内容（如卸料平台的安拆），点击【确定】按钮，如下图所示。

③完成检查项目的添加。下滑手机页面，填写基础信息，完成后点击【编辑检查】按钮。

④在现场对检查项进行检查，并判断是否合格以及上传现场实时拍摄的照片。在逐项检查结束之后，点击【完成】按钮，在填写验收意见后点击【保存】按钮。

⑤在现场保存记录，会生成一个检查记录。点击保存的记录即可进入并查看文件，如下图所示。

⑥点击【预览】按钮，查看文件表单生成的结果，如下图所示。

危大工程安全验收记录

危大工程名称：高处作业吊篮安装

项目名称	大唐西市扩建			
验收部位	吊篮安装			
序号	验收项目名称		实测值	验收结论 是否合格
1	吊钩、滑轮、卷筒安装钢丝绳防脱装置		/	是
2	吊钩无磨损、无变形，符合标准		/	是
3	吊钩安装钢丝绳防脱钩装置		/	是
验收意见	验收通过			
验收单位	建设单位代表 （签字及公章） 年　月　日	监理单位代表 （签字及公章） 年　月　日	设计单位代表 （签字及公章） 年　月　日	施工单位代表 （签字及公章） 年　月　日

6. 基本要求及注意事项

（1）在手机网络信号不佳的情况下，搜索或提交数据可能会延迟，因此，请不要短时间重复操作。

（2）巡视检查表中的偏差值必须根据巡查人员到现场进行实测实量，测出的实际偏差数据必须如实填写。

（3）质量（安全）巡视/检查、质量（安全）旁站记录、质量（安全）验收等电脑端与手机端的数据同步，系统生成的表单内容可以进行人工修改。

（4）质量（安全）巡视/检查、质量（安全）旁站记录、质量（安全）验收等无论是否合格，都必须现场拍照，照片要清晰，现场拍摄的照片随部分文字表单一起打印收存。

（5）根据现场施工存在的质量（安全）问题的严重性，当需要下发《通知单》《工程暂停令》时应由项目总监统一把控。

（6）由系统生成的各种表单具有规范化、标准化、时效性、真实性和可追溯性，因此，项目监理人员的现场工作尽可能应用系统开展工作，并及时生成表单。

（7）由系统自动生成的表单必须要有监理单位检查人员、施工单位人员签字，并盖项目印章后方可留存。

（8）应用筑术云智能检查系统对现场施工质量安全巡视、验收、平行检验，项目监理机构每人每天不少于两份检查表单；所有施工工序、隐蔽工程、检验批、分部分项工程、专项工程、单位工程都必须应用筑术云项目智能检查系统检查验收。

六、筑术云数字化监理工作

1. 施工组织设计（方案）审查

（1）应用数字化管理的监理项目，在施工准备阶段可将投入的数字技术与BIM技术融合应用，对施工组织设计、专项方案进行审查，并针对方案中的工程重点、难点进行可视化模拟分析，按施工工序进行方案优化，如深基坑等危大工程、屋面工程、楼层及地下室管线、管道、通风、桥架等安装工程，幕墙及室内装饰工程，市政、公路工程建设项目。

(2)应用数字技术与BIM技术对施工单位资源优化方案进行评审,提出合理的资源优化方案和资金使用计划。

2. 施工图会审与设计交底

在项目开工前,项目监理(咨询)人员应利用大屏幕、电脑等智能设备学习、熟悉施工图,提出施工图设计问题清单,参加设计交底,协助建设单位应用大屏幕进行施工图会审。

3. 质量控制

(1)应用数字化管理的监理项目,在开展施工阶段的质量控制时,须应用视频会议系统组织召开线上线下监理例会、质量验收会议及专题会议。

(2)项目监理人员应根据现场施工情况应用视频监控系统、无人机推流技术等进行施工全过程值班巡视监控;应利用项目监控设备或手机App对施工现场的施工质量进行全过程在线值守。

(3)对有关工程质量亮点通过项目大屏、手机App、无人机推流技术等智能设备实时下载录像或截屏或拍照,及时上传至项目共享平台或公司数据库存储,用于项目宣传或工程评优评奖。根据工程规模、施工情况,项目监理人员每日下载现场图片应不少于20张,且清晰度不少于800万像素。

(4)项目监理人员应通过个人手机App、无人机推流航拍技术对进场材料进行验收,对施工质量进行巡视检查和平行检验;对存在的质量问题,及时下发由系统自动生成的质量问题整改通知单和巡视检查记录,并应在次日九点之前上传至项目共享平台,直至整改消项。

(5)项目监理人员应通过现场视频监控系统结合现场监理对施工过程中重点部位、关键工序实行全过程旁站监理。并应符合下列规定:

①应符合《建设工程监理规范》GB/T 50319—2013第5.2.11条和《建设工程监理工作标准》DB33/T 1104—2014第5.1.4条的旁站监理规定。旁站监理人员资格应符合相关法规的规定。

②在施工现场塔式起重机或制高点安装的(型号为高清网络球机7英寸以上)防水摄像头,应调至覆盖实施旁站监理的关键部位。

③在室内安装的视频监控系统(显示屏或拼接屏),在正常使用情况下,应将画面设置在旁站监理的部位。

④旁站监理人员根据施工情况,可依据手机App数字化项目管理功能

自动生成旁站记录。

⑤工程质量验收会议、质量专题会议、主管部门大检查情况等应适时发送至项目共享平台或公司数据库存储。

4. 投资控制

（1）应用数字化管理的监理项目，在开展施工阶段的造价控制时，须应用视频会议系统组织召开线上线下投资控制专题会议。

（2）项目监理（咨询）机构，在对项目工程投资控制时可通过施工现场视频监控系统、手机App、无人机推流航拍视频来掌握施工单位的材料使用情况、机械使用情况和计划产值完成情况，应采用信息化系统软件对其进行投资控制。

（3）项目监理（咨询）机构，应通过共享平台与BIM技术融合对施工方案进行优化，对设计变更进行经济比较，严把设计变更关。

（4）项目监理（咨询）机构，应通过信息化系统及时对施工单位报送的工程量报审表、工程价款支付申请进行线上审核。

（5）项目监理（咨询）机构，应将当月投资控制情况、产值完成情况，编制清单报表上传至项目共享平台或公司数据库存储。

5. 进度控制

（1）应用数字化管理的监理项目，在开展施工阶段的进度控制时，须应用视频会议系统组织召开线上线下进度专题会议。

（2）项目监理（咨询）机构，应利用现场视频监控系统、手机App、无人机推流航拍视频来掌握施工单位的劳务人员施工情况和施工进度计划节点的完成情况，发现实际进度严重滞后于计划进度且影响合同工期时，应签发由系统自动生成的进度问题监理通知单，要求施工单位采取调整措施加快施工进度。

（3）项目监理（咨询）机构，应将施工单位的劳务人员施工情况和施工进度计划节点的完成情况及监理签发的进度问题通知单上传至项目共享平台。

（4）项目监理（咨询）机构，通过施工现场视频监控系统、手机App、无人机推流航拍技术所采集的信息影像资料与BIM技术融合比较，分析工程施工实际进度与计划进度，预测实际进度对工程总工期的影响，由系统自动生成报表上传给建设单位。

6. 安全生产管理

（1）应用数字化管理的监理项目，在开展施工阶段的安全管理时，须应用视频会议系统组织以线上线下形式召开安全专题会议。

（2）项目监理（咨询）机构，应将投入的数字化设备和数字化技术编入危大工程安全监理实施细则，并建立危大工程安全管理监理档案。危大工程安全监理实施细则及建立的危大工程安全监理档案上传至项目共享平台，方便指导项目监理人员工作。

（3）项目监理（咨询）机构，应采用现场视频监控系统、手机App、无人机推流航拍技术巡视检查危险性较大的分部分项工程专项施工方案实施情况，并由系统自动生成表单。发现未按专项施工方案实施，存在安全隐患时，应及时签发由系统自动生成的监理通知单要求整改。

（4）项目监理人员应通过现场视频监控系统结合现场监理对施工过程中重点部位、关键工序实行全过程旁站监理。安全旁站监理人员根据施工情况，可依据手机App数字化项目管理功能自动生成旁站记录。

（5）运用筑术云视频会议系统组织召开线上线下安全生产专题会议。危大工程验收会议、安全专题会议、主管部门安全专项检查情况等应适时发送至项目共享平台或公司数据库存储。

（6）项目监理人员应根据公司的宣传需要，通过现场视频监控系统、手机App、无人机推流航拍技术对有关现场安全文明施工亮点实时下载录像或截屏或拍照，并及时上传至项目共享平台或公司数据库存储。项目每天录像或截屏或拍照的图片，应不少于20张，且清晰度不低于800万像素。

7. 信息管理

（1）工程信息管理平台搭建。

①在应用数字化监理（咨询）的项目监理机构组建后，应以建设单位项目信息管理为核心，搭建符合多项目信息管理要求的集成化工程信息管理平台。一方面，系统应以单个工程项目为中心，为多个参与单位提供一个多项目可视化管理平台和多方协同工作的信息管理平台，实现多方线上进行投资、进度、质量、合同、文档等信息管理，实现线上工程计量和支付管理，提高项目多个参建方的信息沟通效率和质量，提高信息管理的规范化、标准化；另一方面，系统应满足以多个项目为中心，提供一个多项目

可视化管理平台和多方协同工作的信息管理平台,实现线上处理工程建设过程中投资、质量、进度、安全、合同、信息、各方协调等工作,为工程管理者快速准确的决策提供信息支持,为其他项目参与方提供协同管理平台,提高信息传递效率。

②实现项目线上集成化、流程化网络办公、项目工程资料线上流程审批功能。项目参建各方通过物联网、大数据、人工智能、区块链等先进技术,以及终端工具赋能参建各方之间的协作,让每个参建单位的办公习惯从线下转为无纸化线上办公,有助于实现建设工程的碳排放目标。在施工过程中产生的各类资料由施工单位通过平台线上报验,当需要对工程实体质量和工程资料进行验收时,由相关工程参建各方共同通过应用手机App检查验收功能对工程实体质量和工程资料进行验收,在验收通过后,由各权限单位责任人审批签认。总监理工程师及建设单位为最高审批权限,在多标段为一个建设项目时,可应用区块链技术,将只有各标段相互之间有关联部分的信息公开,需要共同签认的资料由项目参建各方统一签认,而无关联的信息不被公开。在多标段情况下,只有建设单位具有各标段最终审批权。

上述各功能的实现,将彻底改变过去固有的监理方式,对工程质量、安全,对各责任主体单位及个人的履职都将得到根本性的改变和加强,杜绝或减少工程资料作假现象。

(2)项目监理信息化资料管理。

应用数字化监理(咨询)的监理信息化资料管理除必须符合《建设工程监理规范》GB/T 50319—2013及《建筑工程资料管理标准》DB22/JT 127—2017规定外,还应符合下列规定:

①应用数字化实施监理(咨询)项目,监理机构应设专职或兼职的网络信息管理员;

②项目监理(咨询)机构应通过数字化信息采集系统及网络智能设备采集具有可追溯性的影像资料、文件资料,并对其真实性负责;

③项目监理(咨询)机构在实施数字化监理过程中产生的项目工程信息资料和数字化平台自动生成并加密后的项目监理资料可及时收集、传递、存储于数据库;当需要纸质版的资料时,在满足条件后可按主管部门或本

公司标准化要求装订成册。

④用于报送城建档案馆或建设单位的电子版和纸质版的存档资料，必要时，项目监理（咨询）机构应按照相关标准、规定及合同要求移交。

（3）监理数字化信息资料管理职责。

①总监理工程师岗位职责：总监理工程师除应严格按照《建设工程监理规范》GB/T 50319—2013，《建筑工程资料管理标准》DB22/JT 127—2017规定履行外，还应履行下列职责：

a.总监理工程师应通过数字化共享平台及专家在线平台主持对项目监理资料进行在线编制及在线流程化审批施工及监理资料，开展专家在线相关服务；

b.总监理工程师应检查项目监理人员对工程数据信息资料采集、传输、存储等履职情况；

c.总监理工程师应督促项目工程数据资料的归档和移交。

②专业监理工程师岗位职责：

a.专业监理工程师应通过数字化共享平台及时对项目监理资料进行编制及流程化审批项目工程资料；

b.专业监理工程师应通过远程视频监控系统、无人机、手机App采集（拍摄、录制、下载）监理过程影像视频资料，并及时通过筑术云分类传输至公司数据库存储。

③监理员岗位职责：

a. 在专业监理工程师指导下，应通过远程视频监控系统、无人机、手机App和计算机网络数字技术按时完成现场监理记录，掌握施工现场第一手资料；

b. 应用筑术云及智能设备采集工程数据原始资料，拍摄、录制、下载监理过程影像视频资料，并及时通过筑术云分类传输至公司数据库存储。

④专职或兼职网络信息专管员岗位职责：

专职或兼职网络信息专管员除应严格按照《建设工程监理规范》GB/T 50319—2013、《建筑工程资料管理标准》DB22/JT 127—2017规定履行外，还应履行下列职责：

a. 通过远程视频监控系统、无人机、手机App和计算机网络数字技术

及时收集、整理项目在施工过程中产生的数据信息资料;

b.通过数字化共享平台及时做好项目实施过程中产生的监理数据资料的上传工作,做好工程数据资料的建立、收集、整理和存储工作;

c.在总监理工程师指导下及时检查和督促施工单位归档项目工程竣工资料。项目工程竣工资料及工程监理影像视频资料应以数据硬盘和纸质版标准建立、收集、整理、存储和归档移交。

七、筑术云专家在线服务平台管理

1.专家在线服务与流程

(1)专家在线服务平台上的资料审核和编制专家聘用,应当由技术部从公司专家库中根据专家意愿挑选并按照评选标准确定。

(2)被聘用的资料审核、编制专家可借助企业数据库(全过程工程咨询知识数据库、工程资料知识数据库、投标文件知识数据库、造价咨询知识数据库)为项目(用户)提供下列服务:

①全过程工程咨询项目文件资料的审核与编制服务;

②工程监理项目文件资料的审核与编制服务;

③工程造价项目文件资料的审核与编制服务;

④招标代理项目文件资料的审核与编制服务;

⑤工程技术专家开展线上线下指导服务;

⑥对工程重点、难点提出切实可行的技术解决方案。

(3)全过程工程咨询项目、工程监理项目、工程造价项目等需要盖公司印章的项目管理文件上传流程应具备下列内容:

项目(用户)在专家在线平台上发布订单→指定在线专家编制→支付相应编制费→提交编制订单资料信息→专家抢接单编制→编制完成向用户(发单人)提交成果文件资料(订单)→筑术云项目(用户)上传公司技术总工审批→合格后反馈至项目(用户)→项目(用户)申请所在单位技术负责人签字盖章。项目(用户)与在线编制专家交易完成后,由专家在线平台支付专家编制费。

2. 监理（咨询）专家在线的管理

（1）加强监理（咨询）专家在线人员的管理，首先要确定资料审核专家、资料编制专家、系统维护管理人员、客服人员的组成及岗位职责。

（2）监理（咨询）专家在线人员应当认真履行下列职责：

①资料审核、编制专家负责对平台订单的审核或编制。

②专家编制的文件要具有针对性和可操作性。

③系统维护管理人员负责专家在线服务平台的运营管理、优化和升级。

④客服人员应负责对用户订单资料的统计，编制在线审核专家费用清单，负责申请公司财务支付工作。

（3）技术部应当负责在线平台专家的日常管理、信息维护和相关技术培训。

（4）技术中心应当对不称职的在线专家进行更换。

（5）专家在审核资料的过程中应履行下列职责：

①负责审核项目提交的资料，应当一次性提出修改意见，提出的修改意见必须详细、清楚。专家接单后发现是第二次上传文件资料时，应按上一次专家审核意见进行二次审核，或由专家自行修改完善。

②在线专家应当认真对待每一笔业务，应当对自己的订单负全面责任。

③在规定时间内完成审核（详见附件），如有超时，将计入专家不良记录。

（6）专家在线服务平台上的专家，在开展线下项目服务时，应详细了解工程重点、难点及疑难问题，认真解答，作出可行性技术处理方案。

3. 造价咨询专家在线的管理

（1）业务管理。

①人员要求。开展造价业务的分公司、项目合作人、自营造价部门，应当配备与承接业务相关专业一致的专业造价人员5名以上，且该团队至少有一名一级复核人（校核人员）和一名二级复核人（项目负责人）。其中，一级复核人需要具有中级造价员或二级造价工程师及以上证书，并应有3年以上的造价工作经验；二级复核人需要具有造价员或二级造价工程师及以上证书，并有1年以上的造价工作经验。

②业务要求。

a. 造价项目无论规模大小，必须执行合同审批流程和造价咨询专家在线审批流程。

b. 提交人应当是开通企业账号并在造价服务部报备的造价人员,该造价人员应根据《工程造价咨询业务操作指导规程》完成作业后,尚应根据项目情况填写流程表单内容,并在附件区上传与建设工程及本次造价相关的工程资料、计价依据、计算底稿及成果文件等,提交至一级复核人进行复核。

提交人应当确保整个建设项目文件符合下列要求:

Ⅰ.计价活动中计价依据及工程资料的完整性;

Ⅱ.成果文件编制说明或审核报告描述的完整性及准确性;

Ⅲ.计算底稿的完整性及准确性。

c. 一级复核人员应当对提交人(造价业务员)的工作底稿进行逐条、逐项详细复核,并应做好复核记录及签署复核意见。对于不规范的工作底稿,复核人员应当监督提交人(造价业务员)修改完善,合格后方可提交至二级复核人。

d. 一级复核人员应当确保整个建设项目文件符合下列要求:

Ⅰ.工程资料的完整性、计价依据及计价程序的合理性;

Ⅱ.计价项(单项工程、单位工程、分部工程、分项工程、措施项目、确定的设计变更、经济签证、索赔项等)的完整性,做到不漏项,不多项;

Ⅲ.计价项对应的计量单位的准确性;

Ⅳ.计价项对应的工程量偏差不超过±3%;

Ⅴ.计价项对应的组价子目选用的合理性,子目工程量的准确性;

Ⅵ.计价项对应的人工费、材料费、机械费单价的合理性;

Ⅶ.计价项对应的管理费、利润、措施费、规费、税金的取费依据的合理性。

e. 二级复核为一般性复核。复核方式主要在一级复核的基础上,采取具体复核与总体复核相结合的方式,对项目的重要事项、重要程序的执行以及工程造价咨询结论的确定等进行复核。对复核工程中发现的问题应及时提出处理意见,并督导相关人员进行修改。对复核中发现的重大疑难问题,应及时召集技术负责人或相关人员研究解决,以确保执业质量。

二级复核人员要对一级复核人员的复核结果进行抽查,并对整个建设项目的重要事项，如工程范围的调整、重要事件引起的设计变更、签证以及索赔事件的真实性、资料的有效性、程序的正确性进行确认，并对工程造价咨询结论进行复核。留存期间对应的会议纪要、复核过程，以及对复核过程中发现的问题的处理意见及执行修正情况。

做好建设项目的总经济指标，单项工程的经济指标，单位工程的经济指标及工程量（技术）指标并在附件区上传。

f. 三级复核又称重点复核，其复核人员应为造价工程师（专家）在线团队成员。复核方式一般采取总体复核方式及抽查，主要是对成果文件内容的抽查、一级复核及二级复核的复核意见，包括咨询工程中的建设方和施工方双方的重大分歧的解决过程进行复核，并签署复核意见。对复核中发现的问题应及时进行解决，必要时可提请专家组会商解决。

g. 三级复核人员应采取下列总体复核方式：

Ⅰ.检查成果文件格式是否符合造价咨询专家在线管理办法的要求；

Ⅱ.检查编制说明或审核报告描述内容的完整性、条理性、金额及金额大小写的正确性；

Ⅲ.检查计价依据及计价程序的合理性；

Ⅳ.抽查计价项是否有多项，漏项；

Ⅴ.检查计量单位的准确性；

Ⅵ.抽查计价项对应的工程量，抽查率不小于10%；

Ⅶ.抽查计价项对应的组价子目选用的合理性，以及子目工程量的准确性，抽查率不小于10%；

Ⅷ.抽查计价项对应的人工费、材料费、机械费单价的合理性，抽查率不小于10%；

Ⅸ.检查计价项对应的管理费、利润、规费、税金的取费依据的合理性；

Ⅹ.复查重大的工程范围的调整，重要事件引起的设计变更，签证与索赔事件的重要程序的执行以及工程造价咨询结论；

Ⅺ.检查建设项目的总经济指标，单项工程的经济指标，单位工程的经济指标及工程量（技术）指标编制的准确性，并对指标的合理性进行分析。

（2）流程管理。

①合同登记流程审批完毕后，方可启动造价咨询专家在线审批流程，根据现有资料填写表单内容，并保存表单。

②业务初稿完成后，按管理要求在附件区上传文件并分别进行一级复核、二级复核和三级复核。

a. 一级复核人员对初稿进行复核，并把业主相关要求及修改事项通过本流程反馈给业务员，业务员进行修改，直至合格，然后转交给二级复核人员。

b. 二级复核人员对一级复核人员的复核结果进行复核，看复核结果是否符合业主要求，把相关修改事项通过本流程反馈给相关人员进行修改，直至合格，然后转交给三级复核人员。

c. 三级复核人员对二级复核人员的复核结果进行工程量的抽查、指标的核查、过程的审查，并把相关问题及修改事项通过本流程反馈给二级复核人员，二级复核人员核实并督促相关人员修改，直至合格。

一般情况下，分公司经理、项目合作负责人、业务部门经理或其授权人员应将造价三级复核流程在拟出报告时间的前两天转至三级复核步骤。否则按照"乐捐"制度进行"乐捐"。

（3）提交内容。

①可行性研究阶段。对于投资估算类，可行性研究阶段主要包括：建议书阶段、预可行性研究阶段和可行性研究阶段。其提交的内容主要包括：封皮、盖章页、编制说明、投资估算分析、总投资估算表、单项工程估算表、主要技术经济指标、封底。

②初步设计阶段。

a. 概算编制类。其提交的内容包括：封皮、盖章页、概算编制说明、项目计价表（广联达、金建等计价软件版本）、指标分析表[项目总造价指标明细、（土建）单方造价明细、（安装）单方造价明细、安装工程主材表]、封底、图纸、计算底稿、过程资料。

b. 概算审核类。其提交的内容包括：封皮、盖章页、概算审核说明、项目计价表（广联达、金建等计价软件版本）、指标分析表[项目总造价指标明细、（土建）单方造价明细、（安装）单方造价明细、安装工程主材表]、封底、图纸、计算底稿、过程资料。

③施工图设计阶段。

a. 预算编制类。其提交的内容包括：封皮、盖章页、预算编制说明、项目计价表（广联达、金建等计价软件版本）、指标分析表[项目总造价指标明细、（土建）单方造价明细、（安装）单方造价明细、安装工程主材表]、封底、图纸、计算底稿、过程资料。

b. 预算审核类。其提交的内容包括：封皮、盖章页、预算审核说明、项目计价表（广联达、金建等计价软件版本）、指标分析表[项目总造价指标明细、（土建）单方造价明细、（安装）单方造价明细、安装工程主材表]、封底、图纸、计算底稿、过程资料。

④发承包阶段。

a. 工程量清单编制类。其提交的内容包括：封皮、盖章页、清单编制说明、项目计价表（广联达、金建等计价软件版本）、指标分析表—工程量含量明细表、封底、图纸、计算底稿、过程资料。

注：只有清单的情况下才选择提交工程量清单编制类的内容，如果提交的内容中包含最高限价，则选择招标最高限价（预算）编制类。

b. 招标最高限价编制类。其提交的内容包括：封皮、盖章页、招标最高限价编制说明、项目计价表（广联达、金建等计价软件版本）、指标分析表[项目总造价指标明细、（土建）单方造价明细、（安装）单方造价明细、安装工程主材表]、封底、图纸、计算底稿、过程资料。

c. 招标最高限价评审。其提交的内容包括：封皮、盖章页、招标最高限价评审说明、项目计价表（广联达、金建等计价软件版本）、指标分析表[项目总造价指标明细、（土建）单方造价明细、（安装）单方造价明细、安装工程主材表]、封底、图纸、计算底稿、过程资料。

⑤施工阶段。

a. 工程变更价款的确认。其提交的内容包括：变更单、施工合同、补充协议、投标文件。

b. 索赔。其提交的内容包括：索赔依据、施工合同、补充协议、投标文件。

c. 进度款支付。其提交的内容包括：施工进度、施工合同、投标文件、索赔变更费用确认单。

⑥竣工阶段

a. 结算（决算）编制类。其提交的内容包括：封皮、盖章页、审核报告、定案表、项目计价表、封底、施工合同（电子版）、投标文件（软件版）、变更签证等其他可提供的资料。

注：该类型包含结算编制类和决算编制类。

b. 结算审核。其提交的内容包括：封皮、盖章页、审核报告、定案表、项目计价表、封底、施工合同（电子版）、投标文件（软件版）、变更签证等其他可提供的资料。

⑦全过程工程造价管理。全过程造价管理包含以上①～⑥阶段的造价工作，在项目运作的各个阶段，对照①～⑥各阶段工作要求，每月上传相对应的工作文件及过程资料。

⑧注意事项。

a. 为确保复核时间及质量，造价咨询专家须在两个工作日审批完毕。

b. 为保证造价成果质量，所有业务初稿须经过造价咨询专家在线审核的相关程序后方可与委托方、被审方见面，审核时不得出现因甲方已定或者评审中心已定等理由而不进行修改，否则按本办法相关"乐捐"制度进行"乐捐"。

c. 造价项目应该建立在造价合同的基础上才能进行，所以在执行造价咨询流程之前，应该提交并完成合同审批流程。

d. 经审核不合格的流程，退回后需在24小时内修改并提交至专家在线，否则按D级收取专家在线费用。

（4）质量管理。

根据《建设工程造价咨询成果文件质量标准》CECA/GC 7—2012执行。

①质量管理等级评定标准。

A. 投资估算类的质量等级评定标准。

a. 成果文件格式内容应符合《建设工程造价咨询成果文件质量标准》CECA/GC 7—2012中的"成果文件的组成和要求"的相关规定。

b. 投资估算的编制方法、编制深度等应符合《建设项目投资估算编审规程》CECA/GC 1—2015的有关规定。

c. 投资估算编制的依据完整。

投资估算编制报告应描述清楚、完整，条理清晰，语句畅通，无错别字。

d. 投资估算的项目内容应完整。

e. 投资估算的项目指标应合理。

注：• 以上标准，如果成果文件完全符合要求，则评定为 A 级。

• 以上标准，如果成果文件有一项不符合要求但未出现重大失误，则评定为 B 级。

• 以上标准，如果成果文件有三项不符合要求但未出现重大失误，则评定为 C 级。

• 以上标准，如果成果文件有五项及以上不符合要求或出现重大失误，则评定为 D 级。

B. 概算编审、预算编审、工程量清单及招标最高限价编审类成果文件等级评定标准。

a. 成果文件格式内容应完全按照公司内部模板标准严格执行（报告号提前从技术部索取）。

b. 成果文件的编审依据、资料完整有效。

c. 编制说明或审核报告按要求应描述清楚、完整，条理清晰，语句通畅，无错别字。

d. 若为清单计价模式，则清单项目特征描述应符合现行的造价计价规范及法律法规。

e. 工程项目总价汇总应完整合理，单项工程造价汇总应完整合理，单位工程造价应完整合理，各项指标应合理。

f. 计价项应无多项、无漏项。

g. 工程量应正确，综合单价应合理。

h. 计价项对应的人工费、材料费、机械费单价应合理；相关定额子目选用应合理；子目工程量应合理；主材辅材工程含量应合理。

i. 计价项对应的管理费、利润、规费、税金的取费应合理。

注：• 以上标准，如果成果文件完全符合要求，则评定为 A 级。

• 以上标准，如果成果文件有一项不符合要求但未出现重大失误，则评定为B级。

- 以上标准，如果成果文件有三项不符合要求但未出现重大失误，则评定为C级。
- 以上标准，如果成果文件有五项及以上不符合要求或出现重大失误，则评定为D级。

C.工程量清单类成果文件等级评定标准。

a.成果文件格式内容应完全按照公司内部模板标准严格执行（报告号提前从技术部索取）。

b.成果文件的编审依据、资料应完整有效。

c.编制说明描述应清楚、完整，条理清晰，语句通畅，无错别字。

d.清单项目特征描述应符合现行的造价计价规范及法律法规。

e.工程量计量的正确性。

f.计量单位选用应正确合理。

注：
- 以上标准，如果成果文件完全符合要求，则评定为A级。
- 以上标准，如果成果文件有一处不符合要求但未出现重大失误，则评定为B级。
- 以上标准，如果成果文件有三处不符合要求但未出现重大失误，则评定为C级。
- 以上标准，如果成果文件有五处及以上不符合要求或出现重大失误，则评定为D级。

D.变更、签证、索赔进度款支付类等级评定标准。

a.变更、签证、索赔程序及资料、依据齐全有效；签证、变更的计价文件都有对应的（三方签字盖章的）变更、签证单。

b.变更、签证、索赔的编制说明或审核报告描述应清楚、完整，条理清晰，无错别字，语句通畅。

c.变更索赔费用应完全按照施工合同约定的内容结算。

d.项目总价汇总应完整合理，单项工程费用汇总应完整合理，各单位工程造价应完整合理，指标应合理。

e.合同价外依据合同约定按清单计价规范补充的清单项，应完全按照清单计价规范执行，清单项目特征及工作内容描述应完整。

f. 主要材料价格应严格按照合同约定计量。

g. 计价项应无多项、无漏项。

h. 工程量计量应正确，综合单价应合理。

i. 计价项对应的人工费、材料费、机械费单价应合理；相关定额子目选用应合理；子目工程量应合理；主材辅材工程含量应合理。

j. 计价项对应的管理费、利润、规费、税金的取费应合理。

注：• 以上标准，如果成果文件完全符合要求，则评定为A级。

• 以上标准，如果成果文件有一项不符合要求但未出现重大失误，则评定为B级。

• 以上标准，如果成果文件有三项不符合要求但未出现重大失误，则评定为C级。

• 以上标准，如果成果文件有五项及以上不符合要求或出现重大失误，则评定为D级。

E. 结算类成果文件等级评定标准。

a. 成果文件格式内容应完全按照公司内部模板标准严格执行（报告号提前从技术部索取）。

b. 成果文件的编审依据、资料应完整有效。

c. 编制说明或审核报告描述应清楚、完整，条理清晰，无错别字，语句通畅。

d. 结算类成果应完全按照施工合同约定内容结算。

e. 项目总价汇总应完整合理，单项工程费用汇总应完整合理，各单位工程造价应完整合理，指标应合理。

f. 合同价外依据合同约定按清单计价规范补充的清单项，应完全按照清单计价规范执行；清单项目特征及工作内容描述应完整。

g. 主要材料价格应严格按照合同约定计量。

h. 计价项应无多项、无漏项。

i. 工程量计量应正确，综合单价应合理。

j. 计价项对应的人工费、材料费、机械费单价应合理；相关定额子目选用应合理；子目工程量应合理；主材、辅材工程含量应合理。

k. 计价项对应的管理费、利润、规费、税金的取费应合理。

注：• 以上标准，如果成果文件完全符合要求，则评定为A级。

• 以上标准，如果成果文件有一项不符合要求但未出现重大失误，则评定为B级。

• 以上标准，如果成果文件有三项不符合要求但未出现重大失误，则评定为C级。

• 以上标准，如果成果文件有五项及以上不符合要求或出现重大失误，则评定为D级。

4. 招标代理专家在线的管理

（1）开展代理业务的分公司、项目部所有代理业务必须按照公司要求提交专家在线审核流程。

（2）申请人首次提交招标代理专家在线流程时，须在附件中添加项目前期资料，如财政部门审批单、项目立项批复、方案设计、甲方会议纪要等文件；对于不同类别的资料，应分别提交对应流程。严禁同一流程提交不同类别的资料。

（3）申请人提交招标代理专家在线的资料须在发布之日前三个工作日内进行提交在线专家审核；专家应在两个工作日内完成审核；审核通过后，所有项目须按照相关规定在指定媒体上进行发布。发布资料必须与审核资料内容一致，未经审核通过的，不得提前发布。

（4）招标代理专家在线的同一份资料只能提交一个流程。禁止同一份资料提交多个流程，例如：××项目公告已提交，被退回后又重新启动新流程进行提交，或不同版本的公告用多个流程提交审核等。

（5）专家在线资料审核质量采取分级评定，即分为A级、B级、C级。对于有问题的资料，专家应一次性指出全部问题并退回，申请人应在原流程中按照审批意见并于两个工作日内修改后再次提交审核。

（6）在线平台应对每月提交的流程进行统计分析。根据质量评定汇总，每月提交的流程评定为B级的超过60%或C级的超过30%，说明该项目代理人员不具备从业资格，在线平台可暂停该代理人员提交的所有专家在线流程，要求其进行业务培训，待在线平台对其考核合格后再进行业务提交。

（7）招标代理的质量等级评定应符合下列标准：

① 资格条件；

②公告期限、文件发售时间、开标截止时间、答疑回复时间、中标公示时间、投标保证金退还时间等法规中规定的时间节点；

③公告及文件中应落实的相关政策；

④通过资格预审的申请人数、开标要求的最少申请人数；

⑤投标保证金金额、缴纳方式等；

⑥投标有效期；

⑦公告中载明是否接受联合体投标；

⑧专家的组成方式及专家人数；

⑨评标办法内容及分值构成；

⑩开标程序；

⑪履约担保和支付担保，比如履约保证金是否按要求收取；

⑫工程质保金；

⑬公告出现不同版本时，文件内容需保持一致，应符合《招标公告和公示信息发布管理办法》中的规定；

⑭不得出现采购负面清单中的相关内容；

⑮法规文件中规定的其他实质性问题。

注：• 以上标准，如果文件完全符合法规要求且未出现其他非实质性问题，则评定为A级；

• 以上标准，如果文件完全符合法规要求，但出现其他非实质性问题，则评定为B级；

• 以上标准，如果文件出现不符合法规要求，则评定为C级；

• 费用收取标准：详见《专家在线服务平台管理办法》（代理）相关规定。

八、新兴技术融合应用

"十四五"时期，我国的经济发展以新兴数字技术应用为引擎，新型基础设施建设不断加速，5G通信技术、人工智能、物联网、大数据等新兴技术与各行业加速融合应用，日益成为经济社会发展的强大"底座"；同时，也在我国疫情防控和经济建设过程中发挥了重要作用。建筑工业智能化等新业态、新模式层出不穷，数据、知识、智慧型人才等新型生产要素快速集聚并高效配置，推动着建设工程监理企业数字化转型。

在建筑工业智能化、数字化体系建设的过程中，我国各地新基建的融合倍增效应逐步释放。智能化、数字化信息技术在建设工程监理行业中的引领作用愈发突显，数字化赋能已成为实现建设工程监理行业转型升级的关键路径。未来，监理不再是借用原来的经验和技巧，而是更多地借助于数字化、智能化工具实施建设工程全过程管控。因此，我们必须学会并掌握应用新兴技术原理及应用方法，在建设工程中发挥监理智慧化的作用。

1. 大数据技术的融合应用

（1）大数据采集技术的融合应用。

项目监理（咨询）机构可应用大数据采集技术，通过人工录入、物联网设备等多种途径，将数据采集、传输、存储于企业数据库。

（2）大数据预处理技术的融合应用。

①抽取：在数据抽取过程中应将某些复杂的数据转化为单一的或者便于处理的类型，以达到快速分析处理的目的。

②过滤：对于无价值的、错误的干扰项等废旧数据，应通过过滤提取出有效数据。

（3）大数据存储、管理技术的融合应用。

①大数据存储技术的融合应用包括业务数据存储、文件数据存储。其重要的特征指标应包括数据的完整性、保密性、稳定性和存储容量等。

②大数据管理技术的融合应用可用存储器把采集到的数据存储起来，建立相应的数据库，并进行管理。

③项目监理（咨询）机构通过应用企业数字化管控平台采集的数据必须存储到数据库中，部分视频数据宜采用分布式存储。

（4）大数据分析及挖掘技术的融合应用。

在建设工程信息管理中，可以应用大数据分析及挖掘技术进行不同维度的提炼、分析，以及挖掘用户所需要的数据。

（5）大数据展现技术的融合应用。

①大数据展现技术的融合应用可将隐藏于海量数据中的信息和知识挖掘出来，为人类的社会经济活动提供依据。

②大数据展现技术的融合应用可根据不同的客户需求，自定义所需要的图表、报表等采集信息，并进行统计分析。

③大数据展现技术的融合应用建立的项目势态图（指挥中心），应能够满足各级领导直接进入项目查看实时动态，了解项目的进展情况、质量和安全文明施工情况，以及监理人员履职情况。

2. 人工智能技术的融合应用

（1）数据归类和数据标准建立。

人工智能技术的融合应用可对项目数据结构建立标准，即提前进行分类、定义、逻辑关系分析和建模。例如，利用数据算法分析以往案例数据、列出各类风险因素影响表、再对现有场景进行风险分析、提供给管理者相应的风险应对措施等。

（2）人工智能技术的融合应用。

项目监理（咨询）机构在对项目建设环境风险感知的风险控制方面，应利用企业数字化管控平台进一步研究人工智能与传感器（含RFID）、GPS、二维码、摄像（含虚拟现实功能）、激光扫描、无人机、物联网等技术的融合应用，可达到自动监测与识别各种风险因素、规范自动符合性检查，提高管理风险控制信息等效果。

3. 物联网技术的融合应用

（1）建立网络连接系统。

应用物联网技术将各种信息传感设备，如射频装置、红外感应器、全球定位系统、激光扫描等与互联网结合起来而形成一个巨大网络，让所有的物品都与网络连接在一起，可以自动地、实时地对物体进行识别、定位、追踪、监控并触发相应事件。企业数字化与物联网技术的融合应用，可将人与物、物与物之间相连接，可在任何时间、任何地点，连接到任何人，扩展到连接任何物品。

（2）建立工程质量追溯系统。

应用物联网技术建立工程质量追溯系统。以建筑施工全过程的产业链为主线，以施工工艺的设计参数为基础，利用RFID（二维码标识等）技术不断丰富其相关信息，包括原材料、设备、构配件采购、加工、施工、安装环节、检验验收及运营维护等全生命周期的质量数据，实现建筑工程质量的全过程可追溯。

（3）建立建筑工程安全监管系统。

①应用物联网技术建立建筑工程安全监管系统。在原材料、设备、构配件采购、加工、施工、安装、检验验收及运营维护等环节发挥作用。项目监理（咨询）机构在物联网技术融合应用中，应重点对施工节点实施安全监督，如地基基础、主体结构施工、装饰装修、水电暖安装、临边及高处作业、临时用电安全防护等各个环节采用企业数字化与物联网技术实时监控，及时发现安全问题，以保证安全生产。

②项目监理（咨询）机构可应用物联网技术、GPS定位技术，实时采集现场管理人员的位置信息，实现对现场管理人员的有效跟踪。

③项目监理（咨询）机构通过应用物联网技术，形成基于位置信息的监理跟踪检查、考核和评价模型；可以通过项目管理相关数据的真实性校验，实现建筑工程安全处于可控状态，为项目管理提供决策支持。

④应用企业数字化共享平台与物联网技术对参建单位进行分级管理，并根据用户需求设定相关管理权限。具体应包括下列内容：

a.现场管理人员实时管控。

b.信息化服务功能。

c.现场管理人员信息的管理功能。

d.现场管理人员信息的及时上传，特别是现场视频、照片的上传。

e.轨迹存储、回放功能，记录所监控的施工动态、人员活动轨迹、速度和时间；必要时，应具有重新回放显示功能。

f.现场管理工作数据自动统计。

g.数据备份与打印输出，工程情况报表输出等。

4.区块链技术的融合应用

（1）开放性管理。

①利用区块链技术的开放性特征，对存储于企业数字化系统中的数据库，除了企业（分支机构）及各项目被加密的保密信息资料、数据外，下列文档、信息、数据应具有开放性，可下载，可复制。

a.现行国家、行业和地方法律、法规及相关技术标准、规范。

b.国家、行业和地方的政策性文件。

c. 企业管理规定、管理制度等文件。

d. 企业数字化应用技术、建筑工程各专业技术知识、安全管理知识、资料编制等数据库。

e. 经企业规定可以对外公开的信息、数据。

②对所有人公开，任何人都可以通过企业数据库公开的接口查询区块链的数据和开发相关工程技术应用数据，整个系统信息数据应高度透明。

（2）自治性管理。

利用区块链技术基于协商一致的原则和协议，应加强整个企业数字化系统中的所有（模块）节点，能够在去信任的环境条件下自由安全地交换数据，使得将对"人"的信任改变成对机器的信任，任何人为的干预都不起作用。

（3）安全性管理。

基于区块链技术具有不可篡改性特征，在区块链技术的融合应用中，对企业数字化转型中某些不可篡改性信息数据经过验证后，应及时在企业数据库中采用区块链技术永久地存储起来。除非能够同时控制系统中超过51%的（模块）节点；否则，系统单个（模块）节点上对数据的修改是无效的。以此保证企业数字化信息系统数据的稳定性和可靠性得到极大的提高。

（4）区块链技术在全过程工程咨询管理中的融合应用。

区块链技术在全过程工程咨询管理中的融合应用能助力全过程工程咨询项目管理高效透明，可以串联起全过程追踪、核查、监督、管理整个体系的数据流，再与大数据融合，使数据的流转过程透明可见，并能打通安全监测、质量核查、履约等整个现场施工环节，让参与建设的各主体单位都能看到项目施工的安全、质量、进度、投资、各单位人员履约等数据。

（5）区块链技术在建筑市场管理中的融合应用。

区块链技术在建筑市场管理中的融合应用有利于政府对建筑市场情况进行有效监管。将建筑市场各环节数据上链、上平台，行业监管部门能根据项目建设情况做出有效管控，引导建筑市场资源更加优化配置，从而促进建筑市场管理规范化、网络化、智能化。

（6）区块链技术在工程监理中的融合应用。

在工程监理过程中，监理人员应用项目管理智能检查系统进行的每一次巡视检查，每一次平行检验，每一次进场材料验收，我们都可以通过系统记录下来，对每一次检查检验所产生的问题通过系统生成整改通知单或者是停工令。这些通过系统生成的通知单、停工令具有可追溯性。我们从项目工程开工到工程竣工验收，在多维度、多空间状态下把人、机、料、法、环五大因素的每一个节点链接起来，形成一个区块链，便于工程有效管理。

应用区块链技术，我们可以通过大数据对工程质量事故、安全事故进行分析；对通知单、停工令进行追溯，还原当时工程的施工过程；查看施工单位是否对施工过程中出现的质量、安全问题整改到位；监理人员是否对整改情况进行复查。谁设计的，谁施工的，谁监理的，参建单位和进场材料信息都一目了然。由于监理单位人员巡视检查表、检验表、通知单、停工令等都是由系统生成的，具有不可篡改性，因此，应用区块链技术对工程质量事故、安全事故的分析和处理具有较强的公平性、公正性，在事实面前无法逃避其职责。

5. BIM技术的融合应用

（1）BIM技术可在企业数字化管控平台中融合应用，其功能模块如表4-1所示。

BIM技术的功能模块　　　　　　　表4-1

序号	模块建立	模块功能
1	初步设计方案分析及优化	（1）设计阶段通过对结构、能耗等进行方案分析，对建筑性能进行模拟、优化； （2）施工阶段，利用模型对三维审图、虚拟建造、施工方案、工艺进行优化
2	专业工程深化设计选型	对建筑安装工程、建筑幕墙、室内装饰工程进行方案分析、造型模拟、方案优化、设备选型
3	图纸会审及修改	运用电子施工图，通过项目大屏对施工图中存在的设计问题提出修改方案
4	施工方案模拟及优化	对深基坑支护及土方开挖方案模拟、支模架体搭设方案模拟等工程施工的重难点、关键点以及危险性较大的分部分项工程进行施工方案、工艺流程的模拟及优化
5	场地布置	通过三维建模进行施工场地布置，在施工过程中，对不同阶段的场地布置及时进行优化布置
6	进度控制	对施工实际进度与计划进度进行对比，分析进度计划的合理性，在施工过程中，及时进行人、材、机等资源配置，确保按计划实施

续表

序号	模块建立	模块功能
7	投资控制	对项目决策阶段的项目目标成本制定、设计招标投标阶段的报价、施工阶段的造价控制、竣工验收阶段的结算等,可通过BIM模型进行工程量统计、工程量审核;对投资基础数据分析进行阶段性投资控制等
8	质量控制	通过样板引路模型的创建,对质量控制点进行跟踪控制等
9	安全管理	通过施工现场大型机械设备、脚手架搭设、临边防护三维模型的创建,辅助编制、审查危大安全专项方案及现场安全技术交底等
10	数字化加工	应用BIM技术对装配式预制混凝土构件生产、管线预制和钢结构进行数字化加工和监控
11	模拟拼装	通过BIM技术对钢结构复杂构件模型的创建及拼装处理进行预控
12	运营维护管理	通过BIM技术对消防系统、照明系统、监控系统等形成完备的竣工模型,用于运营维护管理

(2)应用BIM技术的管理规定。

①项目监理人员应了解并熟练掌握BIM技术,并能够应用BIM技术审核施工组织设计和专项施工方案。必要时,也可与建设单位在签订全过程工程咨询合同时约定在项目中采用BIM技术,一般一个工程项目应共用一套BIM技术。

②对于政府投资工程、大型公共建筑、省(市)重大工程监理项目,监理项目机构须建立企业数字化管控平台,并要求施工单位建立满足工程范围和内容的建筑模型,按照施工图纸要求至少完成一栋主要建筑物的全专业模型。主要建筑物模型精度不低于LOD 400级,要求结合监理项目特点在项目全生命周期内开展BIM技术应用,应用点数量不少于8项。

③项目监理机构应要求施工单位所申报的"新技术应用示范工程"和"绿色施工示范工程"项目必须采用企业数字化管控平台与BIM技术。

④项目监理机构应关注或明确要求创建省、部级以上创优目标,并结合工程特点和创优目标的具体要求,积极采用企业数字化管控平台与BIM技术。

⑤项目监理机构在审查施工单位编制的脚手架支模系统、深基坑支护与土方开挖等危大安全专项施工方案时,利用BIM技术的三维信息模型功能辅助工程概况介绍、方案选择与施工工艺流程表达,并对审批安全专项施工方案进行三维可视化交底;鼓励施工单位在结构及设备安装、起重吊

装等危险性较大分部分项工程安全专项方案编制过程中应用BIM技术。

⑥在监理项目BIM技术的融合应用过程中，应及时收集并分类保存融合应用过程中的电子文档资料，并应对所应用的BIM技术成果进行分析总结。

⑦在监理项目BIM技术的融合应用过程中，应通过技术创新手段提高生产力，将项目数字化管控平台与BIM技术紧密结合，大胆尝试创新应用，企业应鼓励项目监理机构形成基于BIM技术融合应用于施工工法、专利、论文等技术成果。

第5章 数字化转型建设标准建设

一、企业数字化办公环境建设

（1）实施数字化转型的监理企业，内部办公环境及设施标准化应根据本企业经营范围、规模、投资等，建设能够满足企业员工应用数字化开展日常工作、学习的标准化办公环境及设施。根据企业规模，建设能够满足企业内部召开全员参加的多功能视频会议、培训会议的会议室、数字化展厅等。

（2）所属分支机构（分公司）及合作单位，应具有固定的办公场所，室内为精装修，总办公面积不小于200平方米，且要有独立的、面积不小于120平方米的视频会议室等，符合总公司统一的标准化办公环境及设施要求，满足员工应用数字化进行日常办公、学习等。

二、企业数字化办公设施建设

（1）数字化办公设施标准化建设：总公司及所属分支机构（分公司）应配备统一颜色的办公桌椅、计算机、打印机等办公设施，计算机软件配置须满足数字化办公条件要求，宽带网络须满足数字化应用要求。

（2）远程视频监控系统：总公司及所属分支机构（分公司）的办公区、会议室等应配置网络视频监控设备，并申请开通公司管理账号，所属分支机构（分公司）可根据自身体量和实际情况自行选购硬件设备。

（3）移动远程视频会议系统：总公司及所属分支机构（分公司）的会议室应配置远程视频会议设备，以保障分公司正常参加总公司远程视频会议及分公司自己发起的视频会议。分公司宜使用"全向麦+会议专用视频摄像头"，可根据自身体量和实际情况自行选购，也可委托总公司购买并指导安装。

（4）网络保障：总公司及所属分支机构（分公司）应接入能够保障网络

信息化流畅运行的宽带网络,并配备网络信息专管员。分公司网络信息专管员的联系方式应在总公司备案。

三、项目监理(咨询)机构数字化设施(备)配置标准

1.项目监理(咨询)机构临建搭设标准

(1)实施数字化监理企业,监理费在800万元以上的工程项目,应在项目监理(咨询)机构成立后,按照标准化、智慧化工地要求及时搭建数字化监理(咨询)项目部,并应符合公司统一的数字化办公环境及设施标准化要求,满足监理人员开展数字化管理、智慧化服务工作需要。

(2)项目监理(咨询)机构检测仪器配置标准除应符合《建设工程监理规范》GB/T 50319—2013及《监理工器具配置标准》(试行)规定外,尚应配置监理试验室,用于监理人员独立开展相关检测试验工作。

2.项目监理(咨询)机构数字化办公网络配置

(1)1.0标准:项目监理(咨询)机构应开通不低于30MB的网络,使用IE8版本及以上浏览器或360安全浏览器(设置兼容模式)。

(2)2.0标准:项目监理(咨询)机构应开通不低于100MB的网络,使用IE8版本及以上浏览器或360安全浏览器(设置兼容模式)。

(3)3.0标准:项目监理(咨询)机构应开通不低于300MB的网络,使用IE8版本及以上浏览器或360安全浏览器(设置兼容模式)。

3.项目监理(咨询)机构数字化办公设备配置标准

(1)实施数字化监理企业,应当满足项目监理(咨询)机构开展数字化工作需要。监理费在300万元以下的监理(咨询)项目,配置应不低于如表5-1所示的规定。

监理项目办公设备配置(以5人为例)标准　　　表5-1

设备名称	规格型号	数量	备注
信息资料室	2.8m×5.85m	16.38m²+	—
信息化监理办公室	2.8m×5.85m×2间	32.76m²+	—
办公桌	工位组合定制式	5个以上	—
文件柜	1800mm×860mm	2个	—

续表

设备名称	规格型号	数量	备注
计算机	E6500	5台	—
打印机	HP1008	1台	—
计算器	200ML台式	1个	—
室内摄像头	带拾音功能	2个	需使用海康威视设备、设备数量为最低要求，根据项目规模可增加
高清网络球机	7英寸以上（防水）	2个	
显示屏	55英寸	1～2块	

（2）监理费在500万元以下300万元以上的监理（咨询）项目，配置应不低于如表5-2所示的规定。

智能设备配置（以10人为例）标准 表5-2

设备名称	规格型号	数量	备注
总监理办公室	2.8m×5.85m	16.38m²+	—
信息资料室	2.8m×5.85m	16.38m²+	—
信息化监理办公室	2.8m×5.85m×2间	49.14m²+	—
办公桌	组合	10个工位	—
文件柜	1800mm×860mm	4个	—
计算机	E6500	10台	—
打印机	HP1008	1台	—
计算器	200ML台式	1个	—
无人机	大疆4K高清	1个	—
高清网络球机	7英寸以上（防水）	2～4个	需使用海康威视设备、设备数量为最低要求，根据项目规模可增加
高清网络枪机	200W以上（防水）	4个	
室内摄像头	带拾音功能	2个	
硬盘录像机	满录像存储3个月以上	1个	
拼接屏	55英寸3×1	3个组合	—
专用控制计算机	CPUi5内存8G以上	1个	—

（3）监理费在500万元以上的监理（咨询）项目，配置应不低于如表5-3所示的规定。

智能设备配置（以10人为例）标准　　　　　表5-3

设备名称	规格型号	数量	备注
总监理办公室	2.8m×5.85m	16.38m^2+	—
信息资料室	2.8m×5.85m	16.38m^2+	—
信息化监理办公室	2.8m×5.85m×3间	49.14m^2+	—
办公桌	组合	10个工位	—
文件柜	1800mm×860mm	4个	—
计算机	E6500	10台	—
打印机	HP 1008	1台	—
计算器	200ML台式	4个	—
无人机	大疆4K高清	2个+	—
高清网络球机	7英寸以上（防水）	4～6个	设备数量为最低要求，根据项目规模可增加
高清网络枪机	200W以上（防水）	4个	
室内摄像头	带拾音功能	2个	
硬盘录像机	满录像存储3个月以上	1个	
拼接大屏	55英寸3×3	9组合	—
专用控制电脑	CPUi5内存8G以上	1个	—
视频会议摄像头	按会议室大小配置	1个	—
全向麦克风	带视频推流功能	1个	—

四、项目可视化共享平台搭建标准

（1）在中标项目人员进场后，企业应及时组建项目监理（咨询）机构，在具备条件和许可的情况下，在施工现场安装能够满足现场全覆盖要求的视频监控系统，搭建可视化共享共管平台，并为项目参建单位管理人员开通不同权限的数字化个人账号，指导参建方在不同网络环境下共享共用监控大屏、无人机、计算机、手机App等信息化智能设备，对项目实施数字化管理。

（2）项目监理（咨询）机构应将本项目可视化基本信息（工程概况、工程规模）、施工及监理动态信息输入数字化指挥中心系统（数字化管控平台），并随工程进度适时更新。

①项目基本信息上传要求。项目工期、项目规模、工程类型、合同金额等数据应与实际一致。

②项目模型。在项目管理系统,以3D图片上传BIM模型。

③项目代表图片。在项目管理系统上传项目效果图;同时在项目管理系统上传项目实况图;在项目管理系统不能实现在首页右上角滚动播放的情况时,项目管理系统上传自己制作的项目工作内容图。

④质量、安全信息统计。通过在项目管理系统日常工作表单上填写并上传监理通知单及监理通知回复单。质量、安全问题数量与问题整改数量不能相差过大,偏差为±5%。

⑤项目进度数据。在项目管理系统中完善项目进度的信息,进度计划不低于4条,且更新进度数据最低每周一次;横道图上要有计划完成情况和实际完成情况两条横线。

⑥项目参建人员信息。各参建方及政府主管部门(质监站)人员的信息录入要齐全,信息内容应包括建设、咨询项目管理(全过程工程咨询项目)、监理、设计、施工总包、专业分包、质监站等所有主要管理人员的姓名、电话和职务。若监理部人员信息有更新,则应及时联系服务专员开通账号,且要求项目人员及时更新人员动态。

⑦工程资料数据。要求项目人员应用项目管理系统完成日常过程资料的编制工作,并将线下产生的工程资料上传至企业数据库。

⑧可视化视频监控数据。要求按照公司标准安装可视化视频监控系统,在安装完成后的两个工作日内联系技术部门,技术部门应在1个工作日内将项目视频监控系统接入指挥中心。

⑨可视化无人机航拍推流视频数据。在要求配备无人机的项目中,每周至少进行两次视频推流巡航,每次不低于10分钟。

(3)应用数字化管理的项目,必要时,可为该项目政府主管部门(质监站)人员开通不同权限的筑术云账号,与其共享、共用数字化管控平台,以此强化对项目管控力度。

五、企业数字化应用技术标准

目前,在"十四五"数字化时代,以人工智能、区块链、大数据、云计算为基础的建设工程监理(咨询)行业的数字化建设与应用已在全国各地普遍开展，而与之相适应的用于指导监理开展数字化工作的企业标准、操作规程亟须编制出台。同时，为了推进企业项目监理（咨询）机构全面应用数字技术，实现企业经济高质量发展的目的，广大中小型监理企业应当阔步迈向互联网数字化发展新时代，全面开展项目数字化管理与服务。实施数字化转型的监理企业还应依据《住房和城乡建设部等部门关于推动智能建造与建筑工业化协同发展的指导意见》（建市〔2020〕60号）文件关于"围绕数字设计、智能生产、智能施工，构建先进适用的智能建造及建筑工业化标准体系，开展基础共性标准、关键技术标准、行业应用标准研究"的规定和要求，编制出台监理行业数字化企业标准。

监理行业数字化企业标准用于指导公司项目监理（咨询）机构推广应用数字技术开展监理数字化工作。同时，也为广大监理（咨询）企业开展数字化服务提供一个可借鉴、可参考的监理（咨询）企业数字化应用技术标准。

"得标准者得天下"，标准的作用已不只是企业数字化转型的依据，而是企业开创市场继而占领市场的"核心竞争力"。企业数字化标准是对企业内部统一的技术要求、管理要求所制定的数字化工作标准。按照制定企业标准的原则，制定出切合数字化企业实际需要的，高于行业和地方标准的数字化企业标准。

（1）贯彻国家和地方相关法律、法规，严格执行强制性国家标准、行业标准和地方标准；

（2）引领企业技术进步，特别是监理数字化技术的运用，以保证和提高产品质量、服务质量，改善经营管理和增加社会经济效益；

（3）积极采用国际标准和国外先进技术；

（4）有利于推广监理数字化科技成果，有利于数字化产品的链接，符合企业使用要求，技术先进，经济合理；

（5）在企业数字化转型的新形势下，有利于开展数字技术经济合作。

制定企业标准，提高监理数字化产品质量，保证监理数字化服务，加强自我约束，满足用户需求。

实施数字化转型的企业在项目管理（咨询）中应当全面应用数字技术实施标准化管理，以高质量、高标准为全过程工程咨询提供数字化服务，为政府、为业主、为社会提供超值服务；同时，也为全过程工程咨询行业数字化的发展起到引领作用。

六、数字化办公模块建设标准

大型企业数字化办公通过物联网、大数据、人工智能、区块链等先进技术，以及终端工具赋能人与人之间的协作，让每个社会的个体办公习惯从线下转为无纸化线上办公，有助于实现企业的碳排放目标；大型企业偏向于从集团层面向下属的各个子公司和分公司进行统一管控，整合子公司和分公司不同的数据安全体系。集团自上而下的管理需要有单独且完备的系统，以保证数据不外流，尤其是项目的核心数据。中小型监理企业则更看重多人协同的便捷和效率。企业内部各部门工作产生的原始数据信息，在经过后台服务器对这些原始数据信息进行分析，去伪存真后存储于数据库，并形成有效的价值链，其主要包括以下各功能模块：

1. 人力资源管理

人力资源管理数字化功能模块包括人才招聘管理、员工档案管理、薪酬福利管理、考勤管理、人事管理、劳动合同管理、薪资管理、执业资格考试与注册管理、培训管理和绩效管理等。

2. 财务管理

财务管理数字化功能模块包括集团公司与分公司财务管理、日常财务结算、物资领用、计划报表、工资及福利发放、各业务部门及项目成本核算、分公司账户管理、资金归集、资金支付以及税费清缴等。

3. 经营管理

经营管理数字化功能模块包括客户信息收集、客户管理、经营风险评估、招标投标管理和合同签订等。

4. 部门业务管理

监理、造价、代理、全过程工程咨询四大业务主管部门的数字化管理功能模块应依据相关的法律法规、标准规范、标准图集、政策文件、公司规章制度等形成各专业技术资料与业务管理资料，以及各业务项目合同管理。建立各专业数据库，包括数据采集、数据传递、数据分析、数据存储、数据应用、专业技术培训、综合效益分析和知识产权保护等功能。

5. 档案资料管理

档案资料管理数字化功能模块应结合档案资料管理的有关规定，具备档案分类目录建立、各类文档资料录入、档案归档、档案检索查询等功能，并建立集团公司数据库及下属各个子公司和分公司数据库。

6. 企业决策指挥中心

实施数字化转型的监理企业应当建立数字化指挥中心，便于企业领导决策。数字化指挥中心功能模块应满足下列功能要求：

（1）通过后台视频监控指挥中心（数字化管控平台），对项目监理过程中的动态情况进行跟踪巡查，实施三级管理。

（2）企业领导能够通过后台视频监控指挥中心（数字化管控平台），对各个项目监理人员履职情况，项目工程质量与安全情况，合同、进度、造价情况进行可视化数字管控，及时作出企业级项目管理决策。

（3）点击进入任意在建监理项目后，可以查看项目的详细信息和项目施工现场实况，也可以查看历史视频。如果项目配备无人机，则可以远程指挥项目监理人员进行无人机推流，实时了解项目现场整体施工状况和项目监理人员在岗在线服务情况。

7. 个人网络化办公系统

计算机终端、手机App个人网络化办公系统具有下列主要功能：

（1）在计算机终端、手机App上，输入账号及密码登录成功后，可以在工作页面进行流程审批和收看通知公告等信息，编写个人日志、考勤、收发个人邮件等个人网络化办公。

（2）使用手机App项目管理办公系统，对项目工程质量安全实施线上巡视检查、验收，并自动生成检查、验收结果表单。

（3）使用手机App进入个人指挥系统，可以精确搜索项目，查看项目现场监控视频，与现场人员视频连线，查看项目现场施工状态，以及监理资料的编制、上传、收存情况。

（4）使用手机App主持或参加远程视频会议，参会人员可以适时录制视频。

第6章 数据库建立与网络安全管理

一、企业数据库的建立

1. 数据库的几个定义

（1）数据库（Database），是按照数据结构来组织、存储和管理数据的仓库。简单来说，数据库就是电子化的文件柜——存储电子文件的处所。用户可以对文件中的数据进行新增、截取、更新、删除等操作。在日常工作中，常常需要把某些相关的数据放进这样的"仓库"，并根据管理的需要进行相应的处理。

例如，企业或事业单位的人事部门常常要把本单位职工的基本情况（职工号、姓名、年龄、性别、籍贯、工资、简历等）存放在表中，这张表就可以看成是一个数据库。有了这个"数据仓库"，我们就可以根据需要随时查询某职工的基本情况，也可以查询工资在某个范围内的职工人数等。这些工作如果都能在计算机上自动进行，那我们的人事管理就可以达到较高的水平。此外，在财务管理、仓库管理、生产管理中也需要建立众多的这种"数据库"，使其可以利用计算机实现财务、仓库、生产的自动化管理。

（2）严格来说，数据库是长期存储在计算机内的、有组织的、可共享的数据集合。数据库中的数据指的是以一定的数据模型组织，描述和存储在一起，具有尽可能小的冗余度、较高的数据独立性和易扩展性的特点，并可在一定范围内为多个用户共享。

这种数据集合具有的特点：尽可能不重复，以最优方式为某个特定组织的多种应用服务，其数据结构独立于使用它的应用程序，对数据的增、删、改、查由统一软件进行管理和控制。从发展的历史看，数据库是数据管理的高级阶段，它是由文件管理系统发展起来的。

①数据库的基本结构。数据库的基本结构分三个层次，反映了观察数据库的三种不同角度。

a. 以内模式为框架所组成的数据库称为物理数据库；

b. 以概念模式为框架所组成的数据称为概念数据库；

c. 以外模式为框架所组成的数据库称为用户数据库。

②物理数据层。它是数据库的最内层，是物理存储设备上实际存储的数据集合。这些数据是原始数据，是用户加工的对象，由内部模式描述的指令操作处理的位串、字符和字组成。

③概念数据层。它是数据库的中间一层，是数据库的整体逻辑表示。指出了每个数据的逻辑定义及数据间的逻辑联系，是存储记录的集合。它所涉及的是数据库所有对象的逻辑关系，而不是它们的物理情况，是数据库管理员概念下的数据库。

④用户数据层。它是用户所看到和使用的数据库，表示一个或一些特定用户使用的数据集合，即逻辑记录的集合。

数据库不同层次之间的联系是通过映射进行转换的。

（3）所有信息（数据率档）的编纂物，不论其是以印刷形式，或以计算机存储单元形式，还是以其他形式存在，都应被视为"数据库"。

数字化内容选择的原因有很多，概括起来主要有以下四个方面：

①存储空间的原因。数字化产品通过网络被广大用户存取利用；而数字化产品是存放在磁盘阵列上的，磁盘阵列由服务器来管理，磁盘空间是有限的，服务器的能力也是有限的，不可能无限量地存入数字资源，因此，需要我们对文献资源数字化内容进行选择。

②解决数字化生产高成本和图书馆经费有限性之间矛盾的需要。几乎没有充足的资源来对整个馆藏进行数字化，因此，内容选择不可避免。

③数字资源管理的需要。技术的快速发展使数字化项目所生成的数字资源的生命周期越来越短，投入巨资进行数字迁移是延长数字资源生命的一个重要途径，昂贵的维护成本就必须考虑数字化的内容选择。

④数据库发展史。数据库技术从诞生到现在，在不到半个世纪的时间里，形成了坚实的理论基础、成熟的商业产品和广泛的应用领域，吸引越来越多的研究者加入。数据库的诞生和发展给计算机信息管理带来了一场巨大的革命。三十多年来，国内外已经开发建设了成千上万个数据库，已经成为企业、部门乃至个人日常工作、生产和生活的基础设施。同时，随

着应用的扩展与深入,数据库的数量和规模越来越大,数据库的研究领域也已经不断地拓广和深化了。

数据库产品一定要靠丰富的应用场景,通过长时间的沉淀和积累,以及场景的打磨才能打造出一个好的数据库。因此,决定数据库未来的发展是企业未来的有效用户和应用场景,在应用场景中要解决用户的痛点问题,解决用户的实际需求问题。

2.数据库的主要特点

(1)实现数据共享。

数据共享包含所有用户可同时存取数据库中的数据,也包括用户可以用各种方式通过接口使用数据库,并提供数据共享。

(2)减少数据的冗余度。

同文件系统相比,由于数据库实现了数据共享,从而避免了用户各自建立应用文件。减少了大量的重复数据和冗余数据,维护了数据的一致性。

(3)数据的独立性。

数据的独立性包括逻辑独立性(数据库中数据库的逻辑结构和应用程序相互独立)和物理独立性(数据物理结构的变化不影响数据的逻辑结构)。

(4)数据实现集中控制。

文件管理方式中,数据处于一种分散的状态,不同的用户或同一用户在不同处理中其文件之间毫无关系。利用数据库可对数据进行集中控制和管理,并通过数据模型表示各种数据的组织以及数据间的联系。

数据的一致性和可维护性可确保数据的安全性和可靠性,主要包括:①安全性控制:以防止数据丢失、错误更新和越权使用;②完整性控制:保证数据的正确性、有效性和相容性;③并发控制:使在同一时间周期内,允许对数据实现多路存取,又能防止用户之间的不正常交互作用。

(5)故障恢复。

由数据库管理系统提供一套方法,可及时发现和修复故障,从而防止数据被破坏。数据库系统能尽快恢复数据库系统运行时出现的故障,可能是物理上或是逻辑上的错误,比如对系统的错误操作而造成的数据错误等。

3. 数据库中数据的性质

（1）数据的整体性。

数据库是一个单位或是一个应用领域的通用数据处理系统。它存储的是属于企业和事业部门、团体和个人的有关数据的集合。数据库中的数据是从全局观点出发建立的，并按一定的数据模型进行组织、描述和存储。其结构基于数据间的自然联系，从而可提供一切必要的存取路径，且数据不再针对某一应用，而是面向全组织，具有整体的结构化特征。

（2）数据的共享性。

数据库中的数据是为众多用户所共享其信息而建立的，已经摆脱了具体程序的限制和制约。不同的用户可以按各自的用法使用数据库中的数据；多个用户可以同时共享数据库中的数据资源，即不同的用户可以同时存取数据库中的同一个数据。数据的共享性不仅满足了各用户对信息内容的要求，同时也满足了各用户之间信息通信的要求。

4. 企业数据库的建立

基于上述数据库的定义、特点和性质，建设工程和监理（咨询）企业应当根据业务经营范围建立数据库。如全过程工程咨询数据库、工程管理数据库、招标投标数据库、造价咨询数据库。建立企业数据库是为了推进全过程工程咨询、招标代理、工程监理、造价咨询四大业务向产业数字化发展，立足数字技术突破和市场用户需求，加速企业数字化产品迭代升级，增强企业数字化产品竞争力，实现企业数字经济发展，通过工程监理人员在项目管理中对产生的资料数据进行采集、传递、存储和应用而建立。具体功能如下：

（1）全过程工程咨询数据库、工程管理数据库、招标投标数据库的功能作用：一是向用户提供全过程工程咨询、工程管理、项目招标投标等相关规范、专业知识、技术方案等海量知识数据，供用户在线学习，编制相关文件、资料时选用；二是专家通过平台向用户提供各类技术文件、资料的编制服务及线上线下咨询服务，解决工程建设中的重点、难点问题。

（2）造价咨询数据库的功能作用：一是收集各地区已完工程项目造价数据资料，并通过数据分析，形成不同地区、不同地域、不同项目类型的造价指标库以及材料价格库；二是向用户提供全国各地区、各阶段的造价计价规范、法律法规知识文件以及造价控制方案等，供用户在线学习和编制造价咨询文件资料时选用；三是专家在线服务平台上的专家，通过平台向用户提供算量、计量、计价、造价咨询、成本控制、项目全过程造价咨询等造价咨询服务，以及开展线上线下跟踪审计工作。

二、数字化网络安全维护

（一）概述

当前，在企业数字化转型过程中，安全风险也是我们在转型中不可忽略的重点。我们应当按照习近平总书记提出的网络强国战略，加强网络安全的任务是重中之重。近年来，中央网信办以及相关部门完善监管手段，提升监管效能，出台了一系列政策法规，为推动互联网企业健康持续发展保驾护航。这些有力举措进一步明确了规则、划清了底线、规范了秩序，为企业数字化转型与发展设置好"红绿灯"，约束了一些互联网企业的不规范行为，同时也填补了监管的真空地带，消除了企业发展的风险隐患，有利于互联网企业深化改革、强化管理、规范运营，使企业数字化转型更加健康、有序、可持续地开展。

数字技术深度应用到企业各个层面之后，随时会产生安全威胁点。尤其是在新兴技术应用方面，可能会导致威胁，一般在传统环境下使用的防病毒、防木马和网络攻击的传统安全工具可能难以阻挡。各种数字技术、数字设备的应用也会遭遇安全攻击，暴露安全风险的范围可能会变得更大。

在数字化转型过程中，企业之间相互隔离的信息化系统被打通以后，传统安全防护手段难以应对更加开放多元的应用场景，一旦遭遇网络攻击，将给企业带来一定的损失，甚至会由于企业间的互联互通以及产业链之间连接的更加紧密，将安全影响向上下游合作伙伴延伸。网络安全风险成为数字化转型的重要挑战，确保网络安全成为稳步推进数字化转型的前提和基础。

对于处在激烈竞争状态的企业，尤其不能在安全方面出现问题。我们必须将安全保障放在数字化转型工作的重要位置，必须通过加强网络安全建设，提高企业运营的管理水平和风险管控水平。

当前，数据已成为企业数字化转型发展的重要生产要素，数据资产正成为企业的核心资产。数据在采集、传输、存储、交换过程中，可能遭遇系统崩溃、硬件损坏、数据丢失。如果没有相应的数据保护、备份及恢复手段与措施，就容易导致数据泄露、丢失或损毁，给企业造成无法估量的损失。因此，保障数据安全已成为企业网络安全建设的关键。具体的解决办法是：我们须注重数字化发展的顶层设计，在规划设计之初就将网络安全风险及相应的网络安全保障措施细致考虑，从端、管、云等多维度，以及技术、产品、密码等多方面提出网络安全保障措施，落实网络安全与系统建设的同步规划设计、同步实施、同步投入运行，确保网络安全建设的系统性、全面性；必须注重网络安全建设的持续改善，定期乃至不定期地对信息网络系统及其安全保障措施进行检查，及时发现可能存在的漏洞及风险。

这对于网络安全企业而言，必须深挖数字化转型给网络安全技术、产品与服务所带来的新要求，研究相关技术、协议、产品在原理、设计上的不足，分析相关数字化系统复杂架构中可能蕴含的体系风险，提高网络安全解决方案供给能力和规划设计水平，针对不同行业、企业提供适用的网络安全建设方案，为用户提供持续的网络安全运维保障服务。

（二）计算机网络系统的物理安全

实施数字化转型企业在购置计算机网络系统的过程中，除了根据企业需求和发展，要合理选择系统的硬件和软件，还要解决好网络系统的安全问题。物理安全是计算机网络安全的一部分，涉及影响系统的保密性、完整性及可用性的外部因素以及应采取的防护措施，这些外部因素如下所述。

（1）自然灾害，如火灾、水灾、地震等对计算机硬件和软件造成的破坏。

（2）温度、湿度、灰尘、供电系统等周围环境对系统运行可靠性造成的影响。

（3）计算机电磁辐射造成信息的泄露。

（4）非授权的访问和使用。

减少上述各种因素对计算机网络安全造成威胁的一种有效手段是认真

做好计算机机房的准备工作，以便为计算机网络系统的正常运行创造良好的条件。下面分几方面予以说明。

1. 接地与屏蔽

接地是电子计算机系统减弱电磁场干扰与电磁辐射，防止静电积累，保证设备及人身安全和系统可靠运行的有效措施。接地系统处理不当，将会产生相反的作用，甚至引起严重后果。因此，接地运行场地准备时要认真研究，弄清各种地线之间的关系，并且确保施工质量。

计算机场地一般包括计算机系统的直流地、交流工作地、安全保护地和防雷保护地。国标中对它们的接地电阻及相互规定如下：

（1）交流工作地的接地电阻不宜大于4Ω；

（2）安全保护地的接地电阻不应大于4Ω；

（3）防雷保护地的接地电阻不应大于4Ω；

（4）系统直流地电阻的大小、接法以及诸地之间关系应以不同计算机系统的要求而定。

当计算机附近有很强的电磁场干扰又无法回避或者为了防止计算机电磁辐射使机密信息被人窃取时，都应采取屏蔽措施。屏蔽就是将要防护的设备放在电磁屏蔽室内。不同结构和材料制造的屏蔽室一般可使电磁波衰减60～70分贝。屏蔽室可以利用铜网或钢板造成单层或双层的形式，屏蔽室要焊接好，并且要有良好的接地。

2. 建立空调系统

空调系统是满足计算机对温度、湿度及灰尘技术要求的唯一方案。对于中型以上计算机系统和数据处理系统，必须建立具有供风、加热、加湿、冷却、减湿及空气除尘能力的空调装置；对于工作站，由于其对环境要求不高，只需采取一般的降温、供暖及防尘措施就可以了。在机房建设中，要采取有效措施来控制灰尘含量，包括建立密封结构的机房，设置空气过滤器；对机房的顶棚、地板、墙壁、通风管道进行防尘处理；将易产生灰尘的设备和硬盘主机分开放置等。更重要的是要定期进行清洁维护，清除内部产生的和外部带进机房的灰尘。

3. 改善供配电

按照用电设备对供电可靠性的要求，电力部门将工作企业电力负荷分为三个等级，计算机设备的负荷类型也与此一致。在国标中，依据计算机的用途和性质规定了相应的供电要求：对于一级负荷采取一类供电，即需要建立不停电系统；对于二级负荷采取二类供电，即需要建立带备用的电源系统；为了保证电网的电压、频率和波形达到国标或计算机系统的要求，通常使用UPS或自动调压器。用户可根据系统的需求及电网的质量在市场上选购。

4. 火灾及其防护

火灾是计算机机房内比较容易发生而且危害最大的安全事故，要求采取有效的防火措施。包括：

（1）建筑上要选用防火材料，并从防火规范考虑进行房间总体布局；

（2）设置报警和灭火设备，在中型计算机机房内要采用自动控制；

（3）加强防火管理，制定有效的防火制度；

（4）静电的预防与清除。

静电是最频繁、最难清除的危害之一，它不仅毁坏计算机中的元器件，使机器出现故障，还会影响操作和维护人员的正常工作和身心健康。

产生静电的因素很多，随着机房内各种绝缘材料和化学合成材料的使用，静电问题越来越严重。因此，在机房建设和日常操作中都需要考虑如何防止和消除静电。常用的方法有：

（1）在机房建设中使用静电活动地板和防静电壁纸，最好不用地毯；

（2）确保设备良好接地；

（3）使机房内的湿度保持在45%～65%；

（4）机房内的家具如磁带、磁盘柜和工作台表面尽可能用金属材料；

（5）工作人员的服装和鞋子选用防静电或低阻材料；

（6）使用静电消除剂或静电消除器。

除了注意计算机网络系统的网络物理安全外，还应注意数字化系统设计和配置应符合物理安全的规定、注意保护设施免遭非授权访问、制定设备和信息失窃等保护措施。

（三）数据安全——访问控制

数据安全是业界较热门的话题，除国家法规、行业监督的要求外，数据泄露问题将数据安全推向一个高潮。分析数据安全的一个重要概念是"访问控制"。

1. 访问控制的概念

访问控制（Access Control）是指系统对用户身份及其所属的预先定义的策略组限制其使用数据资源能力的手段。通常用于系统管理员控制用户对服务器、目录、文件等网络资源的访问。访问控制是系统保密性、完整性、可用性和合法使用性的重要基础，是网络安全防范和资源保护的关键策略之一，也是主体依据某些控制策略或权限对客体本身或其资源进行的不同授权访问。

从概念上，访问控制可以涉及三个概念：用户身份、策略组、数据资源。这也是构成访问控制的三个要素。

2. 访问控制的三要素

访问控制包括三个要素：主体、客体和控制策略。

（1）主体（Subject）。主体是指提出访问资源的具体请求，是某一操作动作的发起者，但不一定是动作的执行者，可以是某一用户，也可以是用户启动的进程、服务和设备等。

（2）客体（Object）。客体是指被访问资源的实体，所有可以被操作的信息、资源、对象都可以是客体。客体可以是信息、文件、记录等集合体，也可以是网络上硬件设施、无限通信中的终端，甚至可以包含另外一个客体。

（3）控制策略（Attribution）。控制策略是主体对客体的相关访问的规则集合，即属性集合。访问策略体现了一种授权行为，也是客体对主体某些操作行为的默认。

3. 访问控制与身份认证的关系

在一个系统中，访问控制与身份认证是密不可分的。很多时候，访问控制已经涵盖了身份认证的概念，所以在概念定义上，不用强制性区分。

4. 访问控制的类型

访问控制有三个模式，自主访问控制、强制访问控制和基于角色的访问控制。

（1）自主访问控制（Discretionary Access Control，DAC）是一种接入控

制服务，通过执行基于系统实体身份及其到系统资源的接入授权。其包括在文件、文件夹和共享资源中设置许可。用户有权对自身所创建的文件、数据表等访问对象进行访问，并可将其访问权授予其他用户或收回其访问权限。允许访问对象的属主制定针对该对象访问的控制策略。通常，可通过访问控制列表来限定针对客体可执行的操作。

简单来说，自己创建的实体不仅拥有访问修改的权限，同样能把这种权利分配给别的用户。但是这种控制的安全性较低，由于权限分配出现链式传递，导致数据泄露问题。

（2）强制访问控制（Mandatory Access Control，MAC）是系统强制主体服从访问控制策略。其是由系统对用户所创建的对象，按照规定的规则控制用户权限及操作对象的访问。主要特征是对所有主体及其所控制的进程、文件、设备等客体实施强制访问控制。在MAC中，每个用户及文件都被赋予一定的安全级别，只有系统管理员才可确定用户和组的访问权限，用户不能改变自身或任何客体的安全级别。系统通过比较用户和访问文件的安全级别，决定用户是否可以访问该文件。此外，MAC不允许通过进程生成共享文件，以通过共享文件将信息在进程中传递。MAC可通过使用敏感标签对所有用户和资源强制执行安全策略，一般采用3种方法：限制访问控制、过程控制和系统限制。MAC常用于多级安全军事系统，对专用或简单系统较有效，但对通用或大型系统并不太有效。

（3）基于角色的访问控制（Role-Based Access Control，RBAC）是通过对角色的访问所进行的控制。使权限与角色相关联，用户通过成为适当角色的成员而得到其角色的权限。可极大地简化权限管理。为了完成某项工作创建角色，用户可依其责任和资格分派相应的角色，角色可依新需求和系统合并赋予新权限，而权限也可根据需要从某角色中收回。减小了授权管理的复杂性，降低管理开销，提高企业安全策略的灵活性。

（四）企业数字化应用安全维护

1. 网络安全管理的职责

（1）网络信息技术主管部门，应当对企业内部产生的所有信息数据传输、数据存储等安全性负责；

（2）网络信息技术主管部门，应对项目监理（咨询）机构每日产生的文档信息、影像资料数据传输、数据存储等安全性负责；

（3）应用企业数字化管控平台，实现与参建方共享共管的监理（咨询）项目，应根据各参建方个性化需求和需要保密的信息数据，由各参建方共同遵守合同中的有关保密条款。

2. 企业数字化应用系统安全维护的职责

（1）企业及项目远程办公、弱电及智能设备采购、系统运行维护；

（2）项目监理（咨询）机构数字化应用系统及智能设备运行维护；

（3）企业数字化应用数据库维护、历史电子资料存储安全维护；

（4）企业数字化应用系统的问题收集、整理、反馈，并跟进、协助研发公司进行优化处理；

（5）企业数字化用户账号开通与注销权限管理；

（6）企业数字化应用系统及智能设备使用故障的排除；

（7）企业数字化应用系统操作技术培训；

（8）企业及项目视频系统设备维护及账号管理；

（9）企业视频会议系统维护；

（10）项目监理（咨询）机构应用智能设备、安全预警监测系统的维护。

3. 企业数字化应用网络安全维护的职责

（1）企业数字化应用网络日常维护应检查网络及设备硬件运行、软件应用和网络连通等运行情况，并应定期进行信息和数据的备份；

（2）企业员工工作期间所形成的文件、资料和数据等所有权归企业所有。企业员工必须自觉遵守企业的有关保密法规，不得利用网络有意或无意泄露本企业的涉密文件、资料和数据；不得非法复制、转移和破坏公司的文件、资料和数据；

（3）企业内部每日所形成的文件、资料和数据应当及时存储于数据库；

（4）企业数字化应用网络及设备应严格按照操作程序进行，部门人员外出办事或下班后，应将网络或设备关闭，并切断电源，保证数据资料的存储安全；

（5）企业数字化应用网络及设备必须设置登录密码，密码长度不得少于6位字符且不能采用简单的弱口令，最好是由数字、字母和其他有效字符组成；员工使用的密码应不定期修改，修改后应告知网络管理员；

（6）企业员工离职时，必须由公司网络管理员确认其网络和设备完好、资料文件完整、移动存储设备归还、系统密码清除后方可离职；

（7）若企业员工发现数字化应用网络及设备出现故障时，应及时通知公司网络专业维护人员处理，员工个人不得擅自处理；

（8）必须严格遵守国家有关网络安全法律法规，严禁非法入侵他人网络等犯罪行为。

三、企业信息系统安全管理

信息系统安全管理主要包括制度与设备管理、网络与通信安全、漏洞风险与恶意代码防范、权限与访问管理、数据备份与恢复管理、安全事件处置与应急管理等方面。

1. 制度与设备管理

（1）监理企业应结合自身实际情况，建立科学的信息系统和安全管理制度，涵盖应用系统的所有部门、分支机构和人员；

（2）明确信息系统专业维护人员的工作责任与标准、维护与服务的审批流程、维护过程的监督与控制；

（3）安全管理制度应包括相关硬件设备的购买与操作注意事项、设备运行环境选择与维护保养、系统应用与数据安全存储注意事项；

（4）存储重要信息的硬件设备不得随意外借外传，在报废和重新启用前，需确保重要数据、敏感数据和授权软件无法恢复重用；

（5）指定专人进行账号管理，对账号的申请、建立、应用、删除等进行严格控制；

（6）明确安全策略、账户管理、配置管理、日志管理、日常操作、升级与补丁、口令更新等相关规定并严格执行；

（7）指定专人对工程监测和报警等数据进行分析、统计，及时发现可疑行为；

（8）严格控制、审批运维管控工具的使用以及远程运维权限的开通，操作结束后要立即关闭运维接口或通道，确保所有与外部链接的行为得到授权和审批，定期检查纠正不规范的无线上网或违反系统安全的行为；

（9）信息系统的所有运维操作过程，应全过程保留并形成不可篡改的运行维护日志。

2. 网络与通信安全

（1）监理企业所有的下属分支机构和项目部与互联网链接的网络或设备都必须接入防火墙，信息系统主网应为高性能防火墙或多防火墙串联，对各类系统传输网络与通信内容进行有效监管和保护；

（2）指定专人管理并定期对系统传输网络与通信内容进行盘点，对系统网络传输过程中的人员、内容、方式等进行有效控制和记录；

（3）对信息系统指定专人进行维护管理，建立配套的软硬件维护管理制度，明确维护人员职责、维修和服务标准、维修过程的监督控制与留痕等；

（4）重要数据、关键信息的存储、传输应该加密，存储设备在报废和重用前，应确保敏感数据和授权软件无法恢复重用；

（5）对涉及监理企业经营管理、客户信息、财务数据等内容，禁止所有人员通过系统以外的邮件、微信、云盘等方式传输或保存；

（6）严格控制拷贝系统上的经营管理涉密文件与数据；

（7）建立数据传输信息审核制度，通过关键词告警等方式，及时发现网络传输过程中的敏感信息泄露风险，追溯泄密源头；

（8）建立包括文件信誉检测、基因特征检测等多层风险检测引擎，有效识别并及时精准查杀各类病毒、恶意攻击、勒索诱饵等各类安全风险；

（9）应用潜在危险防护与文件攻击防护等模块，有效预防针对性的已知风险、未知风险、勒索病毒、漏洞攻击等。

3. 漏洞风险与恶意代码防范

（1）安装漏洞与风险识别软件，自动认识安全漏洞与风险，并自动进行修复和删除；

（2）定期进行安全测评并形成安全测评报告，对发现的安全漏洞与风险进行分析与消除；

（3）提高人员漏洞与恶意代码防范意识，安装专业软件进行漏洞与恶意代码适时检测，定期进行漏洞与恶意代码检查和对代码库升级，确保漏洞与恶意代码防范措施的有效性；

（4）详细记录系统的结构以及安装的软件、软件的版本和补丁信息、系统设备和软件的配置参数；

（5）对系统配置与变更信息进行全方位记录，及时更新系统配置与信息库；

（6）尽量使用经过国家密码管理局认证核准的密码技术和产品。

4. 权限与访问管理

（1）信息化系统权限与访问的设置与管理，应遵循"安全第一、按需配置、充分共享、授权分享"的原则；

（2）根据不同职务、不同岗级、不同职责，配置与之相匹配的不同访问授权；

（3）根据不同专业与从事不同业务的人员，设置与之相应的不同访问权限；

（4）根据需求结合实际，为项目业主或行业相关管理部门或人员，设置相应的访问权限；

（5）根据需要为企业的各类业务用户，设置一定的访问与应用权限；

（6）结合实际和需要，为一些不确定的系统用户设置相应的临时性访问权限，业务结束应立即取消相关访问权限。

5. 数据备份与恢复管理

（1）建立科学系统、完善具体的数据备份管理制度；

（2）建立完善的面向应用和数据库的备份与恢复系统，确保在各种意外情况下能够迅速恢复数据；

（3）对磁盘阵列等存储介质上的数据文件提供镜像保护，增强数据文件的访问性能，提高数据文件的可管理性；

（4）系统应具有自动完成对服务器和数据库数据全信息备份能力；

（5）系统应具备因不可控因素而导致的系统极端故障的数据恢复策略与能力；

（6）系统运行维护人员应熟练掌握系统数据备份与恢复的操作技能，能对各类系统终端用户进行相应的培训。

6. 安全事件处置与应急管理

（1）制定安全事件报告和处置管理办法，明确不同安全事件的报告、处置和响应流程；

（2）明确规定安全事件的现场处理、事件报告与后期恢复的标准、流程与管理职责；

（3）在安全事件报告和响应处理过程中，具有分析和鉴定事件产生原因、收集证据、记录处理过程、总结经验教训的能力；

（4）对造成系统中断和信息泄露的重大事件，有采取各种处理与报告的程序、标准、措施与方案。

第7章 数字化转型成果案例

目前，我国信息化建设与数字化转型是推动行业高质量发展的重要引擎，是提高企业综合运营管理的制胜法宝。步入数字化转型后的企业纷纷迈入高质量发展的"快车道"，迎来了良好的发展机遇。

而保持科技创新，继续深入开展信息化建设与数字化转型，是大数据时代企业可持续、高质量发展的重要引擎。

近年来，永明项目管理有限公司深耕建设工程监理（咨询）行业，全方位践行信息化管理、智慧化服务，经营管理逐步更加科学、高效，得到了广大业主和行业的充分认可。企业也因此成功转型升级为数字化平台公司，通过应用工程管理类数字化科技产品——筑术云，实现了六个建设六个输出，即品牌与文化的建设与输出、制度与管理的建设与输出、标准与流程的建设与输出、技术与服务的建设与输出、培训与人才的建设与输出、数字化手段的建设与输出。以下是近年来永明项目管理有限公司（以下简称"永明公司"）在数字化转型过程中的成果案例分享，仅供参考。

一、企业数字化宣传案例

宣传案例1　永明公司的案例刊登《人民代表报》

2022年3月，永明项目管理有限公司作为优秀企业代表，在《人民代表报》发表《时代碰撞　蜕变前行——永明项目管理有限公司数字化转型升级探索与实践》（作者：朱序来）一文。此文的发表也充分印证了行业及社会对永明项目管理有限公司的高度认可和口碑赞誉。

1. 理念引领　实现转型

近年来，永明项目管理有限公司积极响应国家"创新是引领发展的第一动力"重要指示和"互联网+"战略的号召，坚持党建引领、科技支撑、勇于创新、大胆实践，投资成立网络科技公司，自主研发建筑全过程数字化

平台——筑术云。率先将"信息化管理+智慧化服务+平台化发展"引入建筑咨询服务业。通过五年时间，对全国各地上万个不同类型工程项目的探索与实践，彻底改变了传统建筑咨询服务企业的组织模式、管理模式、运营模式、服务模式，大幅提高了工作效率，降低了各类成本，确保了服务项目的安全和质量，实现了转型升级。

先进的理念、现代的手段、科学的管理、优质的服务，引领着企业高速平稳发展，受疫情影响的2020年，企业合同额增幅仍达48%，并突破20亿元大关，得到了行业和各地政府以及业主的一致认可。

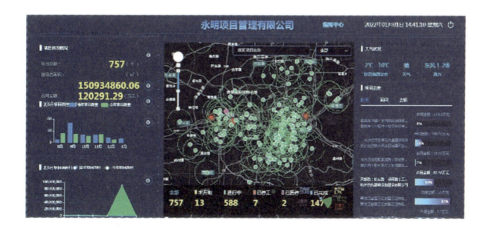

2. 系统强大　用途广泛

经过不断优化和迭代升级，目前企业数字化平台上运行着"一个中心，五大系统"，即可视化指挥与服务中心、移动综合办公系统、移动多功能视频会议系统、移动远程视频监管系统、移动项目管理办公系统、移动专家在线办公系统。"一个中心，五大系统"可服务于建筑全产业链上所有企业、项目和政府相关部门。主要功能与特点如下：

一是技术尖端，架构宏碁。企业数字化平台的研发，充分应用了信息化时代三大尖端技术，即移动互联网技术+云端大数据技术+智能物联技术，以确保先进性；早期规划设计时就充分考虑了信息技术的飞速发展和建筑业不断增长的信息化管控与服务需求，平台有充足的空间和余地能够承载建筑业不断增加的功能需求和迭代升级后的庞大系统，以及海量的大数据的安全。

二是操作简单，使用方便。企业数字化平台的所有用户和使用人员，只需用手机、计算机等终端设备，通过浏览器远程登录筑术云平台，就可进入平台共享全部资源和"一个中心，五大系统"的全部功能。

三是"驾驶舱"确保决策与管理科学高效。由企业数字化平台的全方位技术支持、全天候适时管控、全过程自动留痕所产生的大数据，经过后台的及时收集、分析、加工、运算、处理，形成的综合数据、关键指标、当前态势、存在问题、改进建议等，以不同的图形、报表、数据、表单、预警等形式，展现在指挥与服务中心——"驾驶舱"中，使各级管理者能随时掌握企业和所有在建项目的全方位真实信息，确保决策科学、管理高效。

四是专家资源共享，效益成倍提高。专家团队24小时在线，充分利用企业数字化平台，随时接受用户企业和在建项目的各种技术与管理咨询，实现专家资源与智慧的充分共享，做到线上与线下、远程专家与现场人员适时互动，共同把控项目的安全和质量，使每一个项目都达到专家管理的效果。

五是云网搭桥，打破时空。建筑咨询服务企业的最大特点就是项目点多面广、人员设备分散、管理难度大。筑术云平台的各项功能科学组合与灵活应用可轻松实现用户企业和所有在建项目的全方位、全天候、全过程、可视化管控与服务，包括但不限于远程适时抽查与检查、远程多方观摩与交流、远程咨询与服务、远程会议与培训考试、远程办公与考勤、远程无人机巡航与适时推流、参建各方远程沟通与协调等，打破了时空界限，大幅度提高了工作效率。

六是大数据赋能智慧社会。企业数字化平台对全国上万个基础设施、道路交通、市政建设等项目的全方位技术支持、全天候适时管控、全过程自动留痕产生的大数据，对我国智慧城市、智慧乡村、智慧社会建设与管理乃至国家的战略安全，都将会是一笔巨大的有形和无形资产。

3. 临危受命　不负使命

2020年新春伊始，一场突如其来的新冠疫情席卷全国，西安市政府将西安"小汤山"项目（公共卫生中心）建设监理任务交给了永明项目管理有限公司，当时正值春节放假和部分城市与小区实行封闭管理，公司利用筑术云平台迅速组织了以党员和积极分子为主的70人突击队，第一时间赶赴施工现场，与施工企业共享企业数字化平台，奋战十昼夜按时高质量圆满地完成了这项政治任务，得到了西安市政府的高度认可，并向永明公司发来了感谢信。

4. 创新促变　行业先行

2020年7月21日，中国建设监理协会在西安市召开《监理企业信息化管理与智慧化服务现场经验交流会》，永明项目管理有限公司作为主旨演讲企业，用真实而生动的远程信息化管理和智慧化服务应用效果进行了演示与汇报，得到了大家的一致肯定和认可。目前，企业为响应中国建设监理协会对"尽快出台行业信息化建设与应用标准，全面推动行业实现数字化转型升级"的要求，永明项目管理有限公司组织力量，在行业率先编写了《监理企业信息化工作手册》，作为行业最终制定信息化建设、应用、评价标准的架构和参考。

5. 精益求精　工匠精神

当前，我国正处于向工业强国迈进的关键时期，弘扬和培育新时代创新与工匠精神，对于建设现代强国、智慧强国，实现民族伟大复兴都具有十分重要的意义。CCTV老故事频道《时代先锋》栏目组，经过反复调研与现场考察、反复论证与精心策划，正在永明项目管理有限公司拍摄《筑梦建术　智慧共赢》电视纪录片，以弘扬新时代创新与工匠精神。

伴随着人类社会由信息化工业革命向智能化工业革命的大步跨越，以"科技创新和数字化变革催生新的发展动能"的重要内容，围绕我国"十四五"规划"数字中国，智慧社会"的主题，勇于创新、大胆实践，充分发挥"科学管控千里眼，优质工程护身符"的企业数字化平台作用，不断

优化产品质量、提升服务品质，在全面信息化的基础上逐步向智能化迈进，为我国建筑全产业链提供优质的数字化服务，为推动行业实现数字化转型升级，为中华民族的伟大复兴贡献力量！

宣传案例2　CCTV老故事频道《时代先锋》栏目组报道

2022年5月22日、23日，CCTV老故事频道《时代先锋》栏目组"匠心精神"系列大型纪录片报道了永明项目管理有限公司深耕建筑行业，开创行业数字化智能管控的发展之路。

报道讲述了公司董事长张平决心进入建筑服务业的故事，他艰苦创业、不忘初心，因公司业务量增多，对工程质量的严格把关导致工作压力陡增，进而谋求企业信息化发展，最终克服重重困难，实现企业数字化转型，走在了行业前列。

永明项目管理有限公司目前是国内建筑服务业首家一站式数字化管控与服务平台化公司，应用企业数字化实现了项目全过程、全方位的管控，为管理者了解项目概况、进度、费用、质量和安全等信息提供了决策依据。同时，应用平台聚合业内500余权威专家提供在线支持，整合行业多方资源，涵盖问答、案例与法律法规等，为参建项目提供了全方位的人才和技术支持。

近年来，企业数字化转型成功为公司带来了更多优质项目，连续多年实现业绩40%以上增长，一跃成为行业的龙头企业，受到业界广泛关注。

未来，公司将矢志不渝地深耕建筑服务业的数字化、智慧化发展。引领行业走上科学管控、智慧共享的发展之路，通过打造数字化信息管控服务平台，带领行业从"中国建造"到"中国智造"。

宣传案例3　专报《应用企业数字化促进监理企业转型》

中共中央政治局2021年10月18日下午就推动我国数字经济健康发展进行第三十四次集体学习。会议强调：近年来，互联网、大数据、云计算、人工智能、区块链等技术加速创新，日益融入经济社会发展各领域全过程，数字经济发展速度之快、辐射范围之广、影响程度之深前所未有，正在成为重组全球要素资源、重塑全球经济结构、改变全球竞争格局的关键力量。充分发挥海量数据和丰富应用场景优势，促进数字技术与实体经济深度融合，赋能传统产业转型升级，催生新产业新业态新模式，不断做强做优做大我国数字经济。

2021年是永明项目管理有限公司全面应用企业数字化手段实施合规经营、诚信守法、品质提升、健康发展之年。自2017年以来，我公司始终坚持运用企业数字化技术手段促进公司诚信守法，合规经营，健康发展，着力实现监理信息化与法治深度融合，优化创新公司对项目管理流程和管理方式，大力提升公司数字化应用水平，提升我公司注册人员遵纪守法、诚信执业能力。

（1）应用企业数字化促进分公司转型升级。

为了提升公司合法经营，规范管理水平，提高项目注册人员诚信执业能力，公司大力推进各地分公司搭建企业数字化管控平台，实现分公司应用筑术云网络办公全覆盖，实现分公司会议远程视频化，实现监理项目可视化。加强监理项目廉洁自律，坚持不住施工单位宿舍，坚持不吃施工单位的饭，坚持不用施工单位一纸一笔。加快推进监理智慧化服务，应用手机移动端实现网络服务业务"掌上办"。推动分公司应用企业数字化建设，促进分公司转型升级、健康发展。

（2）加快推进各分公司业务数据共享平台建设，实现统一协调管理机制。

为建立健全各分公司业务数据共享机制，统一协调监管机制，促进各地业务信息有序报备，推动分公司业务信息数据共享和业务协同远程办公，形成高效运行的区域工作与网络远程联合办公机制，构建全国一体化永明智能监理大数据体系，加强分公司信息系统优化整合。加快推进分公司负责人、项目总监等关键岗位的身份认证、公司电子印章、电子证照等统一监管，促使注册人员依法合规、诚信执业。优化各业务板块服务流程，加强对大数据的应用、分析、挖掘和处理，运用筑术云大数据助力公司领导决策。

（3）深入推进"互联网+筑术云"与新兴技术融合应用。

加强公司应用筑术云开展互联网+智能监理管控平台建设，以企业数字化与区块链技术融合应用,实现各项目监控平台数据链、区块链的信息业绩共享,对不可公开保密的信息加密存储、设置权限,确保网络安全,对项目注册人员执业信息建立诚信档案汇聚形成数据链,且不可篡改、不可伪造。制定运用筑术云与互联网技术、筑术云与大数据技术、筑术云与人工智能、筑术云与区块链等技术手段进行公司业务管理的制度规则。

在项目管理方面,积极推进智慧监理,加强企业数字化技术的应用。推行筑术云与互联网+远程监理+移动监理+现场预警防控为特征的智慧监理新模式,解决人少面多的项目监理难题。加快建设与应用企业数字化系统,将监理基础知识数据化、平台化、监理工作流程化、监理资料编制商业化,建立起一个强大的专家在线服务平台,以互联网模式开展在线专家服务工作。

宣传案例4　专报《用筑术云数字技术加速实现监理方式变革》

近年来,永明项目管理有限公司一直致力于应用监理企业数字化科技产品——筑术云对建设工程项目实施智能监理。为了积极贯彻落实《住房和城乡建设部等部门关于推动智能建造与建筑工业化协同发展的指导意见》(建市〔2020〕60号),2021年9月2日,永明项目管理有限公司召开了有关专家座谈现场会议及远程视频会议,会上针对公司全过程工程咨询项目及监理项目应用数字化科技产品——筑术云对建设工程项目实施智慧监理情况,与会领导及专家们展开了热烈的讨论发言,并对目前筑术云数字化科技产品的优化升级提出了合理化建议。

永明项目管理有限公司自2017年应用建设工程监理行业数字化科技产品——筑术云,并通过在"一带一路"西咸丝路经济自由贸易区起步区一期监理项目、沣润和园、秦汉新城、井上华府、沣西新城文化公园、王道新苑、安康市中心医院、丝路(西安)前海园、西安航天基地、海南三亚崖州湾·海垦顺达花园、山西岚县经济技术开发区铸造产业园等数十亿元以上大型投资规模的监理项目中运用,效果显著,得到了行业和建设单位的一致好评。

"十四五"期间,各种新业态、新服务、新模式不断涌现。在永明公司,一部手机、一台电脑、一个大屏、一台无人机以及根据项目工程特点配备的智能检测仪器等智能设备及专家在线服务平台正成为永明监理人的"信息化管理、智慧化服务的新工具、新平台"。

近年来，各地陆续加速布局5G网络、数据中心等新型基础设施建设，提速智能制造、智能建筑，建设智慧城市、智慧小区、智慧工地，充分释放数字化数据要素活力。永明项目管理有限公司要通过应用物联网、大数据、区块链以及建筑BIM技术打造智慧监理服务模式，以此推动监理服务方式的变革。以数字化数据要素与智慧化服务要素的组合，开拓出全新的监理行业新业态。筑术云的研发应切合实际，根据项目工程需要，根据政府、业主和施工方需要进行流程优化、功能升级。不仅要完善监理资料表单智能化、规范化和标准化的填写模块，更要有工程安全预控模块，具有对深基坑及边坡支护、高制模、塔吊等危大工程安全预警监测功能，具有工程巡查、验收内容要点控制模块，同时，对好的系统、好的产品，我们要积极使用。筑术云有三百多个功能主模块，是目前工程管理行业功能最强大的管理软件。筑术云的研发还要根据用户需要，不断地研发出新的功能模块（产品），项目监理部要学会用好已有的功能模块。筑术云是一个数字化管控平台，各位专家、各项目监理部要学会与参建方共享共用筑术云管控平台，共同管控好工程项目，共同打造智慧工地，建设智慧城市。

随着《住房和城乡建设部等部门关于推动智能建造与建筑工业化协同发展的指导意见》（建市〔2020〕60号）在全国建设领域贯彻落实，永明项目管理有限公司通过应用物联网、大数据、区块链等技术以及建筑BIM技术致力于打造一系列新的智能制造、智能建筑、智慧小区、智慧工地。

未来在互联网数字化经济模式下，数字化监理将迎来更广阔的发展前景。

二、企业数字化培训成果案例

1.开办企业数字化应用培训班

为进一步巩固智能监理在项目中的运用成效，自2021年9月16日起，永明商学院技术分院组织开办为期三个月的"企业数字化应用培训班"。第一轮培训学习的有50余位监理人员参加，为下一轮培训人员树立了榜样，打下了良好开端。

课前技术分院讲师作了主题为"筑术云在当下监理行业的前瞻性、先进性和监理数字化工作重要性"的讲解。深入剖析了筑术云智能监理信息化管理、智慧化服务在监理（咨询）项目工程建设中发挥的重要作用。

本次培训将《监理智慧化服务创新与实践》作为培训教材，主要讲解企业数字化的应用，将理论教材与具体的操作相结合。在讲解筑术云部分新流程、新模块的实际操作与应用后，将安排考试。为了鼓励大家学好、用好筑术云，技术分院将对四位考试成绩优异者给予现金奖励。

2.项目智能检查系统的应用培训

2022年6月14日，由技术中心联合商学院组织公司机关干部员工一百多人进行了"项目智能检查系统"的应用培训。通过本次培训学习，提高了公司机关人员四个能力，即应用手机App智能检查系统进行质量安全模拟检查与系统操作能力；应用企业数字化平台管理企业和管理项目的能力；应用企业数字化平台向业主宣讲介绍能力；应用企业数字化平台洽谈项目业务能力。

随着新一代信息技术加快普及应用，数据已成为驱动经济社会发展的关键生产要素，正推动实体经济发展模式、生产方式深刻变革。在推动企业数字化转型过程中，要摒弃那些落后的固有模式。只有利用新一代信息技术对传统的管理和服务方式进行全方位、全角度、全链条的改造，才能提高全要素生产率，释放数字对经济发展的放大、叠加、倍增作用。

通过本次培训学习，公司机关员工了解到"项目智能检查系统"使工程管理智能化、规范化、标准化，使监理工作轻松、便捷；了解到工程管理（监理）人员现场应用手机App项目智能检查系统对房屋建筑、市政公用工程等现场施工质量、施工安全进行巡视、旁站、平行检验，资料表单图像一键生成，具有时效性、真实性和可追溯性；了解到应用"项目智能检查系统"对项目实施监理彻底颠覆了传统落后的监理方式，避免了工程控制资料及监理文件资料作假现象，达到杜绝或减少工程质量安全因管理人员检查不到位而发生质量安全事故现象，真正实现了"一部手机管工程"，体现出数字化产品的科学性和先进性。

三、党建引领监理行业数字化转型案例

1. 建设党建与数字化成果展示中心

当前，经济运行面临新的下行压力，各地各部门正在采取一系列举措，以有效应对风险挑战、维护我国建设工程领域产业链供应链稳定。2022年以来，永明项目管理有限公司从数字化转型迫切需要着手，推动和促进建设监理行业数字化转型，不惜投入巨资，建设1500平方米的"党建与数字化成果展示中心""数字化决策指挥中心"，助力监理行业实现数字化转型战略目标。

2. 构筑红旗百年党建阵地

2022年4月8日，陕西省建设监理协会推进全省建设监理行业党建工作与会长办公扩大会议在永明项目管理有限公司"红旗百年党建阵地"召开，陕西省建设监理协会与陕西省建设法制协会联合党支部书记、会长高小平主持会议。红旗百年党建阵地西北中心主任张瑛，常务副主任邵帅，协会各副会长、监事长、副秘书长及永明公司党支部书记、党员、部分领导干部等30余人参加会议。会议授予中共永明项目管理有限公司党支部为"陕西省建设监理行业党建工作共建示范点"，并由高小平会长与张瑛主任共同为党建工作共建示范点揭牌。

公司党支部书记程立虎向与会同志汇报了公司近三年党建工作的开展情况，党员代表吴天琪向与会同志介绍公司借助红旗书屋"学组先锋"网络平台不断丰富支部活动形式、拓宽党支部成员学习渠道、规范党支部活动程序，进一步发挥党建引领作用。张瑛主任在讲话中着重强调了红旗百年品牌党建项目的建设背景、项目特色、应用案例，希望建设监理行业及企业充分利用好红旗百年品牌党建项目，推进党建工作落实在建设项目管理上。

会议审议了2021年度陕西省优秀工程监理企业评选结果，通报了第五届专家委员会推荐结果，提出了《陕西建设监理》内部刊物改版意见。

此次评选2021年度陕西省优秀工程监理企业，旨在为监理行业树典型、立标杆，激发监理企业的创造性，促进全省建设监理事业健康发展。高小平会长强调：随着我国经济社会发展，监理企业要面临转型升级，数字化是唯一途径。协会及各监理企业要紧跟国家网络化、数字化的发展趋势，推动陕西建设监理行业转型升级，高质量发展。

与会党员同志还参观了永明公司数字化成果展示中心，共同探讨行业数字化转型之路。

四、支部建在项目中　　党旗飘在工地上

永明项目管理有限公司为了贯彻落实陕西省《关于做好省民政厅社会组织党组织2022年"主题党日"活动的通知》精神,切实加强基层党建工作,充分发挥党建工作对建设监理行业改革发展的引领作用,积极联合项目参建单位开展"红色党建主题活动"及党建会议,在监理项目建立党支部,把党旗插在工地上。

2022年4月2日,永明项目管理有限公司党支部与西咸新区丝路科元建设有限公司党支部,在沣西新城丝路科创谷起步区项目联合开展了"学习先进楷模、争做标杆项目"党建促发展专题党日活动。

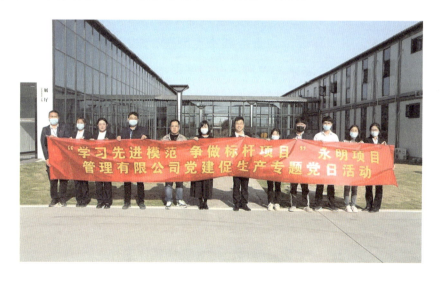

1. 工程建设概况

中国丝路科创谷起步区为秦创原驱动平台西部科技创新港二期核心区。地处中国西部科创走廊核心区和大西安丝路经济轴，紧邻西安交大创新港、西工大翱翔小镇。项目占地面积2265亩，总建筑面积约165万平方米，项目总投资约200亿元，划分为14个开发单元。项目工程体量大，难度高，包括钢结构施工、装配式工程等。项目在新区党工委、管委会正确领导下，全面贯彻省委省政府决策部署，致力于全力打造城市特色突出、绿色低碳鲜明、创新驱动强劲、人民生活幸福的理想城市。自项目开展以党建引领项目建设以来，得到社会各界的高度关注。

自中国丝路科创谷起步区项目建设全面启动以来，永明项目管理有限公司始终贯彻"围绕项目抓党建，抓好党建促发展"的工作思路，用党建思想指导各方协调工作。党员干部率先作为、积极应用我公司企业数字化产品，搭建数字化共享平台，带领参建各方共同对项目安全质量进行数字化管控，使得中国丝路科创谷起步区项目建设高速度、高质量顺利开展。在党员带领下，项目监理机构积极采用公司企业数字化产品3.0标准配置，集成化办公桌椅，一人一台电脑，着装统一，行为规范，体现出永明人的精神风貌。监理部投入安装在施工现场的17个监控点位对施工现场全覆盖，实现项目施工全过程实时管控。

2. 成立"党员先锋队"，建立项目党支部

为提升中国丝路科创谷起步区项目建设和管理水平，永明项目管理有限公司与业主等参建单位按照"围绕项目抓党建，抓好党建促发展"的工作思路，聚焦项目工程建设中的重点和难点问题，应用数字化管控手段，将党的作风、党组织的力量融入项目建设全过程。

在项目建设中，永明项目管理有限公司联合业主等参建单位以党建工作为统领，成立"党员先锋队"，把党组织建立在工程项目上，实现项目启动与党的工作建设同步进行，建立起"项目监理到哪里，党旗就插到哪里"的项目监理新格局。中国丝路科创谷起步区建设项目党支部年初成立，党员比例占项目管理人数的50%，自党支部成立以来，组织多项党建活动和党史学习。党支部落实"支部建在项目上"，着力建设"项目党建品牌"，实现"党建引领项目"，以党建品牌形象指导现场具体工作。

3. 打造"项目党建引导体系",实现项目数字化管控

在中国丝路科创谷起步区项目建设中,项目积极打造建设、监理、施工单位的项目党建引导体系,由参建各方党员干部率先作为、带头应用数字化信息技术管控项目,从总体到局部,严格把控施工质量、安全、成本、进度及合同的管理工作。自2022年开工以来,项目党支部积极组织召开党员、群众代表大会10余次,对工程建设中的协调问题进行分组讨论,通过向每一位参与者灌输党建思路和引导体系,耐心细致地做好工人思想教育工作,全面梳理建设过程中的问题清单和任务清单,顺利化解矛盾,解决建设过程中出现的问题。充分调动党员积极性,推动党建工作与工程建设深度融合并形成合力。

4. 夯实党建基础工作,提升项目党组织活力,争创项目示范党支部

中国丝路科创谷起步区监理项目由于建设时间紧、任务重,在日常工程技术管理与协调中,党建基础工作还比较薄弱,需要进一步完善。

永明项目管理有限公司将与业主等参建单位共同夯实党建基础工作,提升项目党组织活力,争创项目示范党支部。进一步抓好"党建共建"活动,引领共建优质工程,将"项目党建引导体系"打造成参建单位联络感情、协调工作、互学互助、解决问题的数字化管控平台,实现以党建工作促进项目高质量建设目标,做到"支部建在项目中,党旗飘在工地上,党建融入建设中,建设融入我心里"。

同时,在党建思想的指导下,党员发挥模范带头作用,带领项目的每

一位参建者，克服困难，战胜疫情，笃力前行，自我超越，在中国丝路科创谷起步区项目建设中展现监理人新形象、新作为，担负起"建设秦创原创新驱动平台总窗口"的政治责任。

同时，组织学习了共和国"七一勋章"获得者崔道植、黄大发、辛育龄等同志的先进事迹，集中观看了"七一勋章"颁授仪式，开展党史知识抢答以及座谈交流。

五、项目数字化应用成果分享

1.西安地铁6号线项目数字化成果分享

（1）西安地铁6号线项目工程特点、难点。

①项目特点。在西安市轨道交通线网中，该项目是投资大、建筑体量大、盖板面积大、开发强度大、人防面积大的车辆段。

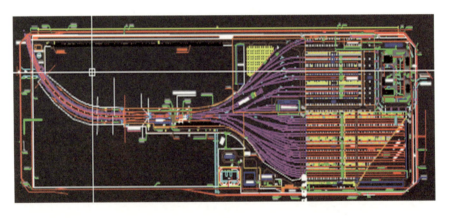

②工程难点。

a.项目共设计混凝土用量44万立方米，钢材8万吨，型钢构件1.6万吨，各种材料用量均较大；

b.项目繁多、专业性强、技术标准高、工期要求紧迫；

c.项目安全管理任务重，难度大；

d.专业接口关系复杂，施工协调配合管理工作量大；

e.安全文明施工及环保要求高。

针对上述特点和难点，我公司决定首次在地铁项目应用企业数字化实施智能监理，并利用筑术云——专家在线服务平台，提供教授级专家咨询

服务，适时解决该项目工程难点。

（2）企业数字化应用。

为强化监理对本项目的有效管控，应用企业数字化对项目实施智慧化管控；筑术云与大数据、物联网技术融合应用对项目关键岗位人员建立身份认证、人脸识别等信息档案，检查施工单位是否按照投标文件及合同承诺的人员配备到位；应用筑术云项目管理手机App智能检查系统促使规范化监理、监理规范化。具体采取了以下措施：

①搭建项目可视化指挥中心（驾驶舱），对项目实施可视化三级管理。通过项目可视化指挥中心（驾驶舱），公司后台视频工作人员、筑术云平台专家对本项目实施可视化三级管理：每日通过筑术云信息指挥中心及管控平台查看项目监理情况、工程建设情况，每日将后台查看的情况在筑术云平台上发布，督促项目监理人员对平台发布的相关问题及时落实，监督施工单位整改消项。

②搭建筑术云信息化共享平台，实现项目参建方共享共用筑术云管控项目。本项目监理机构在项目组建后，及时搭建并提供参建各方共享共用企业数字化管控平台，为项目参建单位管理人员开通设置不同权限的筑术云个人账号，指导参建方在不同网络环境下共同应用监控大屏、无人机、计算机、手机App等信息化智能设备对项目实施数字化管理。项目监理机构将本项目基本信息、施工及监理动态信息输入筑术云指挥中心系统，并随工程进度适时更新，为建设单位决策提供实时依据。必要时，为该项目

政府主管部门（质监站）人员开通不同权限的筑术云账号，共享、共用企业数字化管控平台，以此强化对项目管控力度。

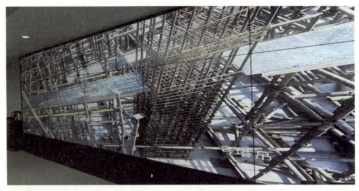

③应用筑术云对本项目大型施工机械设备作业安全的监管。通过筑术云对本项目盾构机、龙门吊等大型施工机械设备的监管，利用智能终端设备提取关键指标和数据，以GIS地图和可视化图表进行监测和预警。实时自动采集大型施工机械设备在项目使用中的关键数据，实现对大型施工机械设备的实时监控与分级预警、数据适时自动远程传输至大数据库。项目监理人员根据预警值，及时督促施工单位消项。

④应用筑术云与互联网、物联网等技术连接现场监测设备对本项目深基坑实施监测。利用移动互联网、物联网等技术，实现对项目深基坑监测现场监测仪器、检测设备、各类传感器等进行适时监测和数据的采集和传输给监管平台。通过全方位、全过程在线实时监测地下水位、沉降、支撑力、深层土体位移、土压力等指标并进行综合分析，及时发现本工程及周

边建筑物、基坑变形等危险态势，及时发出分级预警信息。项目监理人员根据预警值，及时督促施工单位整改消项。

⑤无人机、执法记录仪等在地铁项目中的使用。利用无人机对现场施工质量、进度、安全等进行整体把控，确保本项目质量、进度、安全、投资等控制总目标。在项目实施过程中，对西安市首次使用液压冲击管桩重锤利用无人机实施监控，采集施工数据，把控现场施工质量安全。

⑥在本项目实施过程中，项目监理人员应用智能检测设备，严把质量验收关，及时组织施工方、业主、监理人员对进场材料进行三方联合验收。施工过程中利用执法记录仪、举牌验收、验收台账等多项措施将质量、安全管控责任夯实到人，做好项目施工各道工序均可溯源追查，为工程质量保障提供依据。

⑦加强对监理信息化资料管理。该项目监理人员通过筑术云信息采集系统及网络智能设备采集具有可追溯性的影像资料、文件资料，确保其真实性；根据在线专家编制监理资料需要，项目监理人员通过专家在线平台为在线专家提供本项目工程资料，在线专家获取该项目工程信息后及时编制该项目监理资料。项目监理资料须经专家审核合格、平台自动加密后，方可打印收发或保存，满足装订条件后可按公司标准化要求胶装成册。用于报送城建档案馆或建设单位的存档资料，必要时，项目监理人员可按照相关标准及合同要求打印、装订、移交。

（3）企业数字化应用效果。

①应用筑术云信息化管理助力工程如期交付。西安地铁6号线TJJL-5标段项目监理机构应利用筑术云视频监控系统、手机App、无人机推流航拍视频来掌握施工单位的劳务人员施工情况和施工进度计划节点的完成情况，发现实际进度严重滞后于计划进度且影响合同工期时，及时签发进度问题监理通知单，要求施工单位采取调整计划措施加快施工进度。通过应用企业数字化管控平台，对西安地铁6号线TJJL-5标段项目实施信息化管理、智慧化服务，该项目于2019年4月1日正式开工，项目历时18个月，完成产

值约21亿元，竣工验收一次通过，确保本项目工程施工安全。2020年12月26日，西安地铁6号线一期工程安全通车试运行，28日正式投入营运，深受社会各界广泛赞誉。在西安地铁6号线通车后，西安市轨道交通集团有限公司建设分公司发来感谢信。

②应用筑术云信息化打造智慧观摩工地。该项目监理机构应采用筑术云视频监控系统、手机App、无人机推流航拍技术+现场巡视，检查危险性较大的分部分项工程专项施工方案实施情况。发现未按专项施工方案实施，存在安全隐患时，应及时签发系统自动生成的监理通知单要求整改。对危大工程重点部位、关键工序的施工应利用大屏、手机App实行全过程旁站监理，由系统自动生成安全旁站记录。项目实施过程中，该项目应用筑术云信息化共享平台，为建设单位提供优质的增值服务，打造智慧工地。

③应用筑术云信息化赢得用户表彰。自本项目开工建设以来，通过应用企业数字化管控平台，规范了监理人员行为、监理工作程序和监理资料，为建设单位提供增值服务，监理部在西安市轨道交通集团有限公司信誉考核中多次名列前茅。由于本项目参建各方共同应用数字化共享共管平台，实现各方沟通顺畅、问题协调快速解决，从而对项目进度、安全、质量问

题做到了有效控制。同时,项目部监理人员在施工现场通过视频监控系统与公司后台专家在线适时连线,在线专家及时解决工程中的疑难问题,因此,也获得了建设单位的考核奖励。监理部多次获得业主信誉考核第一名和节点考核奖励通报。

2. 西安地铁8号线项目数字化成果分享

西安地铁8号线施工总承包监理项目3标段起点为万寿路换乘站,终点为明光路(含),共含8站8区间。其包含出入场线区间、万寿路站换乘大厅,线路全长16.321千米。工程主要内容有明挖车站、半盖挖车站、盾构区间、暗挖区间、前期工程(含设计、管线迁改、绿化迁移及交通导改)、人防工程、轨道工程。本标段划分为1个铺轨工区、4个分部,分别由联合体成员中铁11局、中铁12局、中铁18局、中铁20局、中铁21局承建。

2021年9月14日,深圳润恒慧城建筑公司林舜招董事长和总经理一行前往西安地铁8号线监理部进行项目观摩指导,观摩组首先来到总监办观摩指导。监理部介绍了项目监理工作开展情况,主要围绕监理部标准化(办公设备、标准化设施、监控视频系统、标准化资料展示)、人员构成、三级线上管理模式的职责划分、安全质量控制、网络化等方面进行介绍并讲解筑术云系统在现场监理工作中的应用及智能化监理的开展。通过筑术云系统的应用,其便捷高效、功能强大、移动办公、视频监控系统随时随地观察现场生产,不受天气、位置、时间影响,随时随地掌握现场情况;无人机巡航,对于进度核查和"治污减霾"检查起到重要作用,减轻了监理劳动强

度，提高了工作效率。

随后观摩组及监理部人员就筑术云系统应用中的相关问题进行讨论学习。本次观摩的工点为苏王村站及苏广盾构区间，苏王村站位于广运潭大道与矿山路十字交叉口，设计起点里程YDK22+700.647，设计终点里程YDK22+965.027。苏王村站为地下双层岛式车站，采用明挖顺做法施工，基坑长264.38米，标准段宽度22.1米，底板埋深18.50～20.7米。车站共设6个出入口，2组风亭，2个安全出入口。目前，主体结构已经完成，准备进行出入口施工。苏广盾构区间自苏王村站出发后沿广运潭大道自南向北，相继穿两根RL钢DN150的热力管、3号线矿山法隧道、DN2400雨水管后，进入广泰门站。左、右线隧道长度分别为796.630米和795.223米。隧道埋深18.8～29.6米，左、右线间距为13.0～18.2米。区间最大平曲线半径为1500米，最小平曲线半径为1000米；最大线路坡度为26.876‰，最小坡度为2‰；最大竖曲线半径为5000米，最小竖曲线半径为3000米。本区间为左、右分建的两条单线隧道，采用盾构法施工，断面为圆形。目前，两台盾构机均在苏王村站始发，向广泰门站方向推进。

六、行业数字化转型经验交流

1. 中国数字建筑峰会（2021）经验交流

2021年7月29日，中国数字建筑峰会（2021）在古都西安市举办，本届峰会以"'十四五'新征程数字化赋能新发展"为主题，聚焦建筑行业产业链的数字化、智能化。共议新形势、新技术、新理念下建筑产业的机遇与挑战，助力建筑项目成功推动城市建筑高质量发展。永明项目管理有限公司副董事长兼陕西合友网络科技有限公司总裁朱序来在座谈会中向与会人员介绍永明项目管理有限公司数字化转型实践经验，永明项目管理有限公司也因在引领行业发展、促进产业转型方面所作出的贡献而被评为"数字化转型先锋企业"。

2021年是我国现代化建设进程中具有重要意义的一年，面对"双循环"的新格局，建筑行业面临新转型要求。加快推进企业数字化转型，培育数字化新生态，推动建筑产业转型升级，建设建筑产业互联网平台将成为新一轮社会进步的核心推动力。

陕西省建筑业协会会长许龙发在致辞中表示：数字化浪潮奔腾而来，新一轮科技革命方兴未艾。作为现代化产业体系重要组成部分的建筑业，数字科技在各个环节都得到越来越多的创新应用，从量变到质变，正在催生一场建筑业的"深度变革"。

陕西省工业和信息化厅副厅长黄新波博士对工业互联网关键技术进行分析，他介绍了制造业的数字化转型，工业互联网是制造企业数字化转型的重要赋能力量，通过网络协同制造、大规模个性化定制、远程运维服务等制造新模式为中小企业发展注入了新的动力。

朱序来表示，信息化是我国加快实现工业化和现代化的必然选择，"以信息化带动工业化，以工业化促进信息化"也是国家从全面建设小康社会发展全局出发而制定的战略部署。朱序来详细阐述了建筑服务企业尤其是咨询企业所面临的复杂环境和发展机遇，向大会分享了永明公司研发并实践应用信息化平台筑术云的宝贵经验和丰硕成果。他从"五个建设，五个输出"角度向与会人员讲解了数字化、信息化转型给企业自身、业主、同行、政府主管单位和行业转型带来的变革。

永明项目管理有限公司积极响应国家扶持"互联网+"与"平台经济"等新型产业与全新业态战略的号召，全面拥抱互联网，整合多方资源，早在2015年就成功启动"项目全过程管理数字化管控服务平台——筑术云"的自主研发。如今已将数字化管理在传统建筑服务业的应用变为现实。公司也凭借筑术云平台打造的全新标准化、多样化、可视化的数字管控模式，在整合资源，优势互补，引领行业发展，促进产业转型方面作出了突出贡献，公司将以此次被评为"数字化转型先锋企业"为契机，继续加大企业技术研发和推广投入，为中国建筑行业的信息化管理、智慧化服务转型升级不断培育新动能、贡献新力量、探索新路径。

2. 用数据要素赋能行业深度合作

2022年2月24日，永明项目管理有限公司与广联达西安科技有限公司举行了"指标数据星航计划"签约仪式，双方就未来在造价指标数据数字化

改革达成深度战略合作。受造价市场化政策影响，行业及企业数据成本进入新航道。为建立建筑行业完善的"全量成本数据"、进一步打开行业新市场，永明与广联达合作启动数据星航计划。

  永明项目管理有限公司副董事长朱序来表示，由于国家和地方的计价及计量定额满足不了市场上不断发展的建设工程造价咨询，当前造价行业市场改革，资质也已经取消，港式清单的兴起以及全费用综合单价等概念的提出，需要企业积累大量的工程数据并进行数据分析，从而形成具有企业竞争优势的造价数据库。对于建筑企业而言，造价指标的分析是需要大量时间、精力、人力的一项工作，而这项短板，正是企业的转机。增加企业在造价行业的竞争力，建立造价数据库是未来的趋势。造价数据库可以为项目建设方在投资控制方面提供有力的数据支持或方案决策参考，也可以向施工单位提供成本控制数据支持，同时向建设项目第三方提供（包含设计方、全过程咨询服务方、工程监理、造价咨询）工程造价咨询数据支持等交易服务。但如何市场化，朱序来则提出，每一位成熟的造价工程师都有自己的指标库。这种指标库，个人主观性强，不能市场化，而指标数据星航计划就很好地解决了这个问题。他可以把所有具有代表性的建设工程按时间、业态、业务类型、地区等标签进行分类，搜集多个具有代表同类的工程的造价项目成果文件并进行指标分析，形成可市场化的数据。

  广联达西安科技有限公司造价BG总经理尉林涛表示，提升企业数据

能力，立足全过程造价咨询业务，帮助甲方成本管控，实现咨询企业转型升级是未来的发展方向。造价数据及指标的分析需要耗费企业大量的精力、人力及时间，也正是因为这种问题才有了指标数据星航计划。

3. 陕西省造价协会赴永明公司考察交流

2022年3月9日，陕西省建设工程造价管理协会赴永明项目管理有限公司考察交流。本次调研主要围绕公司实施《陕西省建设工程造价管理协会〈关于工程造价咨询企业数字化转型的指导意见〉》的情况，旨在进一步促进公司数字化转型。

陕西省建设工程造价管理协会理事长彭吉新首先表明了此行调研学习的目的，向永明公司学习经营之道、数字化转型之道，了解永明项目管理有限公司投入巨资，研发企业数字化管控平台，建立工程造价线上线下结合、线上技术后台为主的数字化实施路径。

张平董事长表示，永明项目管理有限公司积极响应"互联网+"发展战略，将企业数字化转型作为一把手工程来抓。利用互联网思维，以大数据和信息化推动企业发展，打造数字化管控平台——筑术云。与此同时，做好企业的组织再造、管理再造、业务再造、标准再造、流程再造，实现组织、管理、业务、标准、流程与软件系统的相互匹配，向业主提供智慧化服务，实现品牌的"六大建设与输出"，不断开拓企业数字化转型与发展之路。

最后，彭吉新理事长表示，此次永明项目管理有限公司考察学习之行收获颇多，更进一步坚定了协会加快推进行业数字化转型的决心和信心，也对协会抓好继续教育等方面的工作受到了一定启发，期待日后与永明公司有更多的交流学习。

第8章 数字化转型发展趋势

当前,与其他行业相比,虽然建设工程领域企业数字化转型相对落后,但是,我们利用数字化、智能化技术与工业化深度融合,可以快速实现企业数字化转型,形成新型建筑工业化道路。这将是建设工程领域的发展趋势,也是世界经济发展趋势。

"十四五"时期,在数字经济发展规划中,排在第一的就是人工智能。人工智能技术和数字技术将会广泛应用于建设工程行业,这是我们今后需要抓住的一个发展机遇。

人工智能的到来对我们也是一个冲击,而且信息技术的一大特点就是日新月异。比方说,原来建筑设计要考虑综合布线,现在增加了各种传感器,形成无线网络,这就是物联网技术。这就要求我们把日新月异的信息技术、智能技术应用到建设工程管理中,赋能我们的企业实现数字化转型。

数字技术超过人类的第一个阶段是超越人的弱点,第二个阶段是超越人的智慧。

手机已经成为智能终端,汽车也正在成为智能终端,下一个改变人们生活方式的智能终端是什么?我们认为可能就是建筑。因为我们在建筑空间内的活动时间占到90%以上,建筑智能终端有着丰富的应用场景,如低碳节能的智能绿色建筑、服务于人健康的智能康养建筑、服务于人交往的智能社区空间等,这是未来建筑业发展的方向。

新一轮科技革命有两个基本特征,一个是技术核心方面的人工智能,另一个是产业形态方面的数字经济,这是一个发展趋势。目前,企业数字化转型已呈现出以下十大发展趋势(详见中国社会科学院数字经济与技术经济研究所的李海舰和西安交通大学经济与金融学院的李凌霄于2021年9月发表的《企业数字化转型呈现十大发展趋势》)。

一、去物理化

在工业经济时代,企业经济活动只有一个世界——物理世界。而在数字经济时代,出现了"两个世界"并存的状况,企业经济活动可在物理世界与数字世界之间来回"穿越"。不仅如此,利用数字孪生技术,通过把物理世界、物体信息、业务场景映射到数字世界,越来越多的经济活动迁移到了数字世界进行,导致"两个世界"换位:物理世界沦为辅助,数字世界成为主体。这样一来,数字世界替代物理世界,包括线上替代线下、虚拟空间替代实体空间,即企业经济活动的"去物理化"。例如,基于"线上"的办公模式,无需办公场所,不仅可以大大节约通勤时间、空间,还可大幅度地节约办公费用,即"去物理化"办公。随着新冠肺炎疫情的"常态化",能够在多大程度上"去物理化"发展,正成为衡量企业产业链供应链安全发展的重要标志。

再如,应用项目可视化虚拟空间管控技术,线上替代线下,虚拟空间替代实体空间。数字化时代,数字采集将成为我们监理的主要工作,一切用数据说话,拿数据管质量,拿数据管安全,拿数据管进度,拿数据控成本,甚至拿数据来计算监理人的薪酬。

二、去物质化

在工业经济时代,一个产品功能对应一个物质载体,即1+1,这是常态。而在数字经济时代,若干产品功能只有一个物质载体,即$N+1$;再发展至若干产品功能一个减量物质载体,即"减物质化",$N+1/m$;后发展至若干产品功能没有物质载体,即"去物质化",$N+0$。目前看来,越来越多的产品在去物质化。例如,货币,支付1.0,现金支付;支付2.0,刷卡支付;支付3.0,手机支付;支付4.0,刷脸支付。作为货币4.0,字节取代实体,数据取代实物,其完全数字化、软件化了。除产品本身去物质化外,还有生产过程去物质化。例如,在App工厂里,有几百人甚至上千人在一起上班,他们都在从事App的软件开发,这样的数字工厂与传统工厂完全不同，即生产过程的去物质化。这里，数字技术成为劳动工具，海量数据成为劳动对象。

再如，监理（咨询）企业及建设工程监理项目，从手写表单的固有监理模式，到信息化监理由打印机机打表单模式，再到数字化监理线上表单，以及所有工程资料线上流程审批模式，即工程管理过程的无纸化办公。

三、去边界化

在工业经济时代，企业经济活动局限于物理世界，由于自然障碍、地区利益、地方差异（地方政策不同），物理世界完全被"碎片化"了。换句话说，在物理世界里，一切都是有边界的。就企业而言，存在产品边界、行业边界、产业边界、市场边界；而在数字经济时代，由于信息技术革命导致的互联互通，整个底层逻辑被打通了，客观世界由"碎片化"转向"一体化"。不仅物理世界在加速"一体化"，而且数字世界更是"一体化"。就企业而言，边界被打破了，企业从有界发展转向跨界发展，再到无界发展，"去边界化"发展成为主流趋势。这样，企业竞争也从有界竞争转向跨界竞争，再到无界竞争，其典型是"我打败你，与你无关"。同时，融合、协同、共生成为时代主题。就企业而言，从产品品牌发展至场景品牌、生态品牌，出现了生态经济、生态收入，其中包括生态链、生态圈、生态群。

再如，实现数字化转型的工程管理企业，在全过程工程咨询项目搭建的建设工程数字化管控平台，勘察、设计、建设、监理（咨询）、施工、物资供应、机械租赁等参建各方，包括政府主管部门应用建设工程数字化管控平台实现共用、共享、共管，由"碎片化"转向"一体化"施工全过程数字化管理模式。

四、去人工化

在数字经济时代，人机协同特别是大规模的"机器换人"，已成为各行各业发展的大势所趋。其中，包括无人银行、无人超市、无人停车、无人加油、无人驾驶等。大量工作要么由机器人"智能"操作，要么由消费者

"自助"完成。无疑,"去人工化"是指前一种,即机器人和人工智能等新技术应用对普通劳动者岗位的替代,出现了零接触经济、非接触经济、无接触经济等新业态新模式。不仅如此,生产领域的工业机器人通常可从事"三高"工作,即高危险性、高重复性、高精密性,与人类劳动相比较,它们一般不会犯错也无须休息,生产率和安全性得到极大提升。需要指出的是,去人工化,一方面产生就业替代效应,另一方面产生就业创造效应;整体上看,存在就业优化效应和就业促进效应。

在固有监理模式下,工程管理人员必须到施工现场检查才能发现问题,并手写表单;而在信息化监理模式下,现场视频监控全覆盖,打印机机打表单;数字化监理模式,现场传感器+视频监控全覆盖,手机App线上检查验收,线上表单线上督促整改。与固有管理模式相比较,管理更规范,质量安全更有保障,监理人员成本大量减少。未来将会是机器人施工,机器人监理。

五、去管理化

在工业经济时代,人们跟着流水线的"节奏"走,流水线对从事重复性工作的体力型劳动者而言,客观上具有"去管理化"的效应;而到了数字经济时代,基于"数据+算力+算法"的人工智能技术,具有赋权、赋值、赋能、赋智作用,在对业务操作层实现去管理化的同时,对管理执行层、经营决策层也实现了去管理化。借助"新技术群",特别是软件替代智能、数据驱动决策,导致企业的一系列经济活动去管理化,或者智能管理。其中,包括"机在干,网在看,云在算"。这里,根据"数字痕迹",不仅即时给出生产经营信息反馈,还能即时作出生产经营重大决策,做到精准生产、精准决策。可见,"新技术群"对从事创造性工作的脑力型劳动者同样具有去管理化的效应。需要指出的是,与工业经济时代员工以组织管理方式不同,数字经济时代员工则以自主管理方式为主,自我导向、自我激励、自我约束、自我发展、自我驱动是数字经济时代员工去管理化发展的本质特征。数字经济时代,人人都是老板。

数字化时代的工程监理,通过现场安装的传感器、监控系统以及手机

App 等智能工具，无须到施工现场就可以全过程、全方位应用可视化技术实施智能监理。

六、去单位化

工业经济时代，通过雇用和被雇用的长期合约关系，员工与单位深度融为一体。员工以"单位＋个人"的方式从事工作，一人一个职业、一个身份、一份工作、一份收入。数字经济时代，员工可以脱离单位关系，在单位外为单位服务，即以"去单位化""去雇用化"的方式进行工作，由"在职员工"变为"在线员工"，招之即来，挥之即去，通过互联网平台实现劳动力供需之间的即时配置。这样一来，员工可以一人多个职业、多个身份、多份工作、多份收入。员工由过去的"单位人"转变为现在的"社会人"，即由固定单位员工变为灵活单位员工，由被一个单位使用变为被多个单位使用，成为"共享员工"，这是对人的最大解放、最大发展。

工程管理人员，尤其是工程监理应用智能化、数字化技术进行工程管理，实现一人干多个项目、多个身份、多份收入。由固定项目监理变为 N 个项目监理，这是对工程管理人最大的解放，是对项目管理人员成本最大的控制。

七、去中心化

在工业经济时代，企业采用"金字塔"式垂直结构，官僚化、层级化是其重要特征。尽管后来部分企业改为"倒三角"结构，即高层为中层服务、中层为基层服务、基层为用户服务，但"中心化"程度仍然较高。而在数字经济时代，企业内部中间部门、中层部门被取消了，其重构为敏捷前台、共享中台、基础后台，通常称为"三台"架构；加之企业内部引入市场机制，即企业完全市场化。其典型做法是，人人成为创客，十几人或几十人成为一个微经济体。这样一来，企业组织结构经历了从"帆船"（中小型企业）到"巨轮"（"大一统"企业体）再到"联合舰队"（"模块化"企业群）的演变。在"联合舰队"的形态下，其中的若干微经济体作为模块，可进可出；整个企业可大可小，柔性弹性与外部环境适时契合、动态匹配。而实际上，企业变成了由一个个节点组成的价值网络，进而成为一个生态系统。在这个生态系统里，没有中心；或者，任何个体都是中心，即"多中心化"或"去中心化"。

八、去中介化

在工业经济时代，由于时间差、空间差的存在，加之信息不对称、不透明造成的信息差，这为中介环节的存在提供了天然土壤，中介环节在连接生产者和消费者之间实现供求总量、结构均衡上发挥了重大作用。而在数字经济时代，从时间上实现了即时联系，从空间上实现了即时到达，信息对称性、透明度提高带来的信息差消失，消费者与生产者之间点到点、端到端，直通直达、无缝对接。这样一来，中介环节的存在价值发生动摇，"去渠道化"或"去中介化"正成为趋势。不仅如此，随着个性化定制需求的不断升级，越来越多的消费者直接参与企业设计、研发、生产、制作，消费者与生产者由分离走向合一，即"产消者"的出现，导致中介环节彻底消失。总之，去中介化的实质是以一种更高效率、更低成本的新模式取代旧模式。

未来实施数字化转型的监理企业，通过应用数字化技术，建立数字化管控平台，致力于打造扁平开放的数字化管控体系，形成基于知识和数据的管理模式，推动企业平台化、数字化发展。

九、去拥有化

在工业经济时代，实现资源配置优化是建立在所有权理论上的，一切要素资源包括生产资料和劳动者等都归企业所有。企业基于要素资源供给驱动，有什么要素资源就做什么产品、产业，要素资源被企业内部集聚、独占。这样一来，企业成本很高，总体发展缓慢。而在数字经济时代，资源配置优化从所有权理论转向使用权理论，不求所有但求所用，即"去拥有化"。企业基于用户需求变化驱动，没有什么要素资源也能做什么产品、产业，要素资源由外部整合、共享。借助以互联网为代表的"新技术群"，企业可以零时间、零距离、低成本、无边界地连接到生产经营活动所需要的任何要素资源。这里，连接胜于拥有，连接替代拥有。通过连接，要素资源不仅集聚范围广、集聚成本低，而且集聚速度也快。因连接的即时性可在全社会范围内快速整合要素资源，从而实现企业的超常规、跳跃式发展，即非线性、指数型增长。

大型监理（咨询）企业要做好与分支机构（子公司）之间的无缝连接，实现要素数据资源共享、共用，即业绩共享、平台共用、资金归集、共防风险、荣辱与共、合作共赢。

十、去确定化

在工业经济时代，企业所处的外部环境变化缓慢、变动较小，企业基于确定性情景对一系列经济活动做出决策。而进入数字经济时代，企业是基于不确定性情景对一系列经济活动做出决策，这是一种完全不同的思维方式和行为方式。以互联网为代表的"新技术群"的涌现，既是加剧不确定性的原因，也是解决不确定性的手段。借助"新技术群"，一方面，企业可以根据过往数据对经济活动可能出现的问题加以预防；另一方面，企业基于"数据+算力+算法"，可对经济活动即时、实时作出处置，以与场景适时契合、动态匹配。

在建设工程监理过程中，工程质量安全的不确定性是工程监理企业的潜在风险。数字化转型是监理企业应对不确定环境的必然选择。新冠肺炎疫情导致的线下隔离，更是成为数字化技术在监理行业应用的推进器。从建筑业数字化发展趋势看，各项目工程信息化系统集成应用，打通数据流，提升项目数据资源利用率，是我们实现数字化转型的基本要素。企业数字化转型是一个长期过程，需要在总结经验中不断创新，不断提升数字化技术产品的研发与服务质量。我们要在数字化转型过程中，顺应数字化转型发展趋势，找到最适合本企业的数字化转型战略目标，并努力去实现。

附 录

《住房和城乡建设部等部门关于推动智能建造与建筑工业化协同发展的指导意见》

各省、自治区、直辖市及计划单列市、新疆生产建设兵团住房和城乡建设厅（委、管委、局）、发展和改革委员会、科技厅（局）、工业和信息化厅（局）、人力资源社会保障厅（局）、生态环境厅（局）、交通运输厅（局、委）、水利厅（局）、市场监管局，北京市规划和自然资源委，国家税务总局各省、自治区、直辖市和计划单列市税务局，各银保监局，各地区铁路监督管理局，民航各地区管理局：

建筑业是国民经济的支柱产业，为我国经济持续健康发展提供了有力支撑。但建筑业生产方式仍然比较粗放，与高质量发展要求相比还有很大差距。为推进建筑工业化、数字化、智能化升级，加快建造方式转变，推动建筑业高质量发展，制定本指导意见。

一、指导思想

以习近平新时代中国特色社会主义思想为指导，全面贯彻党的十九大和十九届二中、三中、四中全会精神，增强"四个意识"，坚定"四个自信"，做到"两个维护"，坚持稳中求进工作总基调，坚持新发展理念，坚持以供给侧结构性改革为主线，围绕建筑业高质量发展总体目标，以大力发展建筑工业化为载体，以数字化、智能化升级为动力，创新突破相关核心技术，加大智能建造在工程建设各环节应用，形成涵盖科研、设计、生产加工、施工装配、运营等全产业链融合一体的智能建造产业体系，提升工程质量安全、效益和品质，有效拉动内需，培育国民经济新的增长点，实现建筑业转型升级和持续健康发展。

二、基本原则

市场主导，政府引导。 充分发挥市场在资源配置中的决定性作用，强化企业市场主体地位，积极探索智能建造与建筑工业化协同发展路径和模式，更好发挥政府在顶层设计、规划布局、政策制定等方面的引导作用，营造良好发展环境。

立足当前，着眼长远。 准确把握新一轮科技革命和产业变革趋势，加强战略谋划和前瞻部署，引导各类要素有效聚集，加快推进建筑业转型升级和提质增效，全面提升智能建造水平。

跨界融合，协同创新。 建立健全跨领域跨行业协同创新体系，推动智能建造核心技术联合攻关与示范应用，促进科技成果转化应用。激发企业创新创业活力，支持龙头企业与上下游中小企业加强协作，构建良好的产业创新生态。

节能环保，绿色发展。 在建筑工业化、数字化、智能化升级过程中，注重能源资源节约和生态环境保护，严格标准规范，提高能源资源利用效率。

自主研发，开放合作。 大力提升企业自主研发能力，掌握智能建造关键核心技术，完善产业链条，强化网络和信息安全管理，加强信息基础设施安全保障，促进国际交流合作，形成新的比较优势，提升建筑业开放发展水平。

三、发展目标

到2025年，我国智能建造与建筑工业化协同发展的政策体系和产业体系基本建立，建筑工业化、数字化、智能化水平显著提高，建筑产业互联网平台初步建立，产业基础、技术装备、科技创新能力以及建筑安全质量水平全面提升，劳动生产率明显提高，能源资源消耗及污染排放大幅下降，环境保护效应显著。推动形成一批智能建造龙头企业，引领并带动广大中小企业向智能建造转型升级，打造"中国建造"升级版。

到2035年，我国智能建造与建筑工业化协同发展取得显著进展，企业创新能力大幅提升，产业整体优势明显增强，"中国建造"核心竞争力世界领先，建筑工业化全面实现，迈入智能建造世界强国行列。

四、重点任务

（一）加快建筑工业化升级

大力发展装配式建筑，推动建立以标准部品为基础的专业化、规模化、信息化生产体系。加快推动新一代信息技术与建筑工业化技术协同发展，在建造全过程加大建筑信息模型（BIM）、互联网、物联网、大数据、云计算、移动通信、人工智能、区块链等新技术的集成与创新应用。大力推进先进制造设备、智能设备及智慧工地相关装备的研发、制造和推广应用，提升各类施工机具的性能和效率，提高机械化施工程度。加快传感器、高速移动通信、无线射频、近场通信及二维码识别等建筑物联网技术应用，提升数据资源利用水平和信息服务能力。加快打造建筑产业互联网平台，推广应用钢结构构件智能制造生产线和预制混凝土构件智能生产线。

（二）加强技术创新

加强技术攻关，推动智能建造和建筑工业化基础共性技术和关键核心技术研发、转移扩散和商业化应用，加快突破部品部件现代工艺制造、智能控制和优化、新型传感感知、工程质量检测监测、数据采集与分析、故障诊断与维护、专用软件等一批核心技术。探索具备人机协调、自然交互、自主学习功能的建筑机器人批量应用。研发自主知识产权的系统性软件与数据平台、集成建造平台。推进工业互联网平台在建筑领域的融合应用，建设建筑产业互联网平台，开发面向建筑领域的应用程序。加快智能建造科技成果转化应用，培育一批技术创新中心、重点实验室等科技创新基地。围绕数字设计、智能生产、智能施工，构建先进适用的智能建造及建筑工业化标准体系，开展基础共性标准、关键技术标准、行业应用标准研究。

(三)提升信息化水平

推进数字化设计体系建设,统筹建筑结构、机电设备、部品部件、装配施工、装饰装修,推行一体化集成设计。积极应用自主可控的BIM技术,加快构建数字设计基础平台和集成系统,实现设计、工艺、制造协同。加快部品部件生产数字化、智能化升级,推广应用数字化技术、系统集成技术、智能化装备和建筑机器人,实现少人甚至无人工厂。加快人机智能交互、智能物流管理、增材制造等技术和智能装备的应用。以钢筋制作安装、模具安拆、混凝土浇筑、钢构件下料焊接、隔墙板和集成厨卫加工等工厂生产关键工艺环节为重点,推进工艺流程数字化和建筑机器人应用。以企业资源计划(ERP)平台为基础,进一步推动向生产管理子系统的延伸,实现工厂生产的信息化管理。推动在材料配送、钢筋加工、喷涂、铺贴地砖、安装隔墙板、高空焊接等现场施工环节,加强建筑机器人和智能控制造楼机等一体化施工设备的应用。

(四)培育产业体系

探索适用于智能建造与建筑工业化协同发展的新型组织方式、流程和管理模式。加快培育具有智能建造系统解决方案能力的工程总承包企业,统筹建造活动全产业链,推动企业以多种形式紧密合作、协同创新,逐步形成以工程总承包企业为核心、相关领先企业深度参与的开放型产业体系。鼓励企业建立工程总承包项目多方协同智能建造工作平台,强化智能建造上下游协同工作,形成涵盖设计、生产、施工、技术服务的产业链。

(五)积极推行绿色建造

实行工程建设项目全生命周期内的绿色建造,以节约资源、保护环境为核心,通过智能建造与建筑工业化协同发展,提高资源利用效率,减少建筑垃圾的产生,大幅降低能耗、物耗和水耗水平。推动建立建筑业绿色供应链,推行循环生产方式,提高建筑垃圾的综合利用水平。加大先进节能环保技术、工艺和装备的研发力度,提高能效水平,加快淘汰落后装备设备和技术,促进建筑业绿色改造升级。

（六）开放拓展应用场景

加强智能建造及建筑工业化应用场景建设，推动科技成果转化、重大产品集成创新和示范应用。发挥重点项目以及大型项目示范引领作用，加大应用推广力度，拓宽各类技术的应用范围，初步形成集研发设计、数据训练、中试应用、科技金融于一体的综合应用模式。发挥龙头企业示范引领作用，在装配式建筑工厂打造"机器代人"应用场景，推动建立智能建造基地。梳理已经成熟应用的智能建造相关技术，定期发布成熟技术目录，并在基础条件较好、需求迫切的地区，率先推广应用。

（七）创新行业监管与服务模式

推动各地加快研发适用于政府服务和决策的信息系统，探索建立大数据辅助科学决策和市场监管的机制，完善数字化成果交付、审查和存档管理体系。通过融合遥感信息、城市多维地理信息、建筑及地上地下设施的BIM、城市感知信息等多源信息，探索建立表达和管理城市三维空间全要素的城市信息模型（CIM）基础平台。建立健全与智能建造相适应的工程质量、安全监管模式与机制。引导大型总承包企业采购平台向行业电子商务平台转型，实现与供应链上下游企业间的互联互通，提高供应链协同水平。

五、保障措施

（一）加强组织实施。各地要建立智能建造和建筑工业化协同发展的体系框架，因地制宜制定具体实施方案，明确时间表、路线图及实施路径，强化部门联动，建立协同推进机制，落实属地管理责任，确保目标完成和任务落地。

（二）加大政策支持。各地要将现有各类产业支持政策进一步向智能建造领域倾斜，加大对智能建造关键技术研究、基础软硬件开发、智能系统和设备研制、项目应用示范等的支持力度。对经认定并取得高新技术企业资格的智能建造企业可按规定享受相关优惠政策。企业购置使用智能建造重大技术装备可按规定享受企业所得税、进口税收优惠等政策。推动建立和完善企业投入为主体的智能建造多元化投融资体系，鼓励创业投资和产业投资投向智能建造领域。各相关部门要加强跨部门、跨层级统筹协调，推动解决智能建造发展遇到的瓶颈问题。

（三）加大人才培育力度。各地要制定智能建造人才培育相关政策措施，明确目标任务，建立智能建造人才培养和发展的长效机制，打造多种形式的高层次人才培养平台。鼓励骨干企业和科研单位依托重大科研项目和示范应用工程，培养一批领军人才、专业技术人员、经营管理人员和产业工人队伍。加强后备人才培养，鼓励企业和高等院校深化合作，为智能建造发展提供人才后备保障。

（四）建立评估机制。各地要适时对智能建造与建筑工业化协同发展相关政策的实施情况进行评估，重点评估智能建造发展目标落实与完成情况、产业发展情况、政策出台情况、标准规范编制情况等，并通报结果。

（五）营造良好环境。要加强宣传推广，充分发挥相关企事业单位、行业学协会的作用，开展智能建造的政策宣传贯彻、技术指导、交流合作、成果推广。构建国际化创新合作机制，加强国际交流，推进开放合作，营造智能建造健康发展的良好环境。

《"十四五"数字经济发展规划》

数字经济是继农业经济、工业经济之后的主要经济形态,是以数据资源为关键要素,以现代信息网络为主要载体,以信息通信技术融合应用、全要素数字化转型为重要推动力,促进公平与效率更加统一的新经济形态。数字经济发展速度之快、辐射范围之广、影响程度之深前所未有,正推动生产方式、生活方式和治理方式深刻变革,成为重组全球要素资源、重塑全球经济结构、改变全球竞争格局的关键力量。"十四五"时期,我国数字经济转向深化应用、规范发展、普惠共享的新阶段。为应对新形势新挑战,把握数字化发展新机遇,拓展经济发展新空间,推动我国数字经济健康发展,依据《中华人民共和国国民经济和社会发展第十四个五年规划和2035年远景目标纲要》,制定本规划。

一、发展现状和形势

(一)发展现状

"十三五"时期,我国深入实施数字经济发展战略,不断完善数字基础设施,加快培育新业态新模式,推进数字产业化和产业数字化取得积极成效。2020年,我国数字经济核心产业增加值占国内生产总值(GDP)比重达到7.8%,数字经济为经济社会持续健康发展提供了强大动力。

信息基础设施全球领先。建成全球规模最大的光纤和第四代移动通信(4G)网络,第五代移动通信(5G)网络建设和应用加速推进。宽带用户普及率明显提高,光纤用户占比超过94%,移动宽带用户普及率达到108%,互联网协议第六版(IPv6)活跃用户数达到4.6亿。

产业数字化转型稳步推进。农业数字化全面推进。服务业数字化水平显著提高。工业数字化转型加速，工业企业生产设备数字化水平持续提升，更多企业迈上"云端"。

新业态新模式竞相发展。数字技术与各行业加速融合，电子商务蓬勃发展，移动支付广泛普及，在线学习、远程会议、网络购物、视频直播等生产生活新方式加速推广，互联网平台日益壮大。

数字政府建设成效显著。一体化政务服务和监管效能大幅度提升，"一网通办""最多跑一次""一网统管""一网协同"等服务管理新模式广泛普及，数字营商环境持续优化，在线政务服务水平跃居全球领先行列。

数字经济国际合作不断深化。《二十国集团数字经济发展与合作倡议》等在全球赢得广泛共识，信息基础设施互联互通取得明显成效，"丝路电商"合作成果丰硕，我国数字经济领域平台企业加速出海，影响力和竞争力不断提升。

与此同时，我国数字经济发展也面临一些问题和挑战：关键领域创新能力不足，产业链供应链受制于人的局面尚未根本改变；不同行业、不同区域、不同群体间数字鸿沟未有效弥合，甚至有进一步扩大趋势；数据资源规模庞大，但价值潜力还没有充分释放；数字经济治理体系需进一步完善。

（二）面临形势

当前，新一轮科技革命和产业变革深入发展，数字化转型已经成为大势所趋，受内外部多重因素影响，我国数字经济发展面临的形势正在发生深刻变化。

数据要素是数字经济深化发展的核心引擎。数据对提高生产效率的乘数作用不断凸显，成为最具时代特征的生产要素。数据的爆发增长、海量集聚蕴藏了巨大的价值，为智能化发展带来了新的机遇。协同推进技术、模式、业态和制度创新，切实用好数据要素，将为经济社会数字化发展带来强劲动力。

数字化服务是满足人民美好生活需要的重要途径。数字化方式正有效打破时空阻隔，提高有限资源的普惠化水平，极大地方便群众生活，满足多样化个性化需要。数字经济发展正在让广大群众享受到看得见、摸得着的实惠。

规范健康可持续是数字经济高质量发展的迫切要求。我国数字经济规模快速扩张，但发展不平衡、不充分、不规范的问题较为突出，迫切需要转变传统发展方式，加快补齐短板弱项，提高我国数字经济治理水平，走出一条高质量发展道路。

二、总体要求

（一）指导思想

以习近平新时代中国特色社会主义思想为指导，全面贯彻党的十九大和十九届历次全会精神，立足新发展阶段，完整、准确、全面贯彻新发展理念，构建新发展格局，推动高质量发展，统筹发展和安全、统筹国内和国际，以数据为关键要素，以数字技术与实体经济深度融合为主线，加强数字基础设施建设，完善数字经济治理体系，协同推进数字产业化和产业数字化，赋能传统产业转型升级，培育新产业新业态新模式，不断做强做优做大我国数字经济，为构建数字中国提供有力支撑。

（二）基本原则

坚持创新引领、融合发展。坚持把创新作为引领发展的第一动力，突出科技自立自强的战略支撑作用，促进数字技术向经济社会和产业发展各领域广泛深入渗透，推进数字技术、应用场景和商业模式融合创新，形成以技术发展促进全要素生产率提升、以领域应用带动技术进步的发展格局。

坚持应用牵引、数据赋能。坚持以数字化发展为导向，充分发挥我国海量数据、广阔市场空间和丰富应用场景优势，充分释放数据要素价值，激活数据要素潜能，以数据流促进生产、分配、流通、消费各个环节高效贯通，推动数据技术产品、应用范式、商业模式和体制机制协同创新。

坚持公平竞争、安全有序。突出竞争政策基础地位，坚持促进发展和监管规范并重，健全完善协同监管规则制度，强化反垄断和防止资本无序扩张，推动平台经济规范健康持续发展，建立健全适应数字经济发展的市场监管、宏观调控、政策法规体系，牢牢守住安全底线。

坚持系统推进、协同高效。充分发挥市场在资源配置中的决定性作用，构建经济社会各主体多元参与、协同联动的数字经济发展新机制。结合我国产业结构和资源禀赋，发挥比较优势，系统谋划、务实推进，更好发挥政府在数字经济发展中的作用。

（三）发展目标

到2025年，数字经济迈向全面扩展期，数字经济核心产业增加值占GDP比重达到10%，数字化创新引领发展能力大幅提升，智能化水平明显增强，数字技术与实体经济融合取得显著成效，数字经济治理体系更加完善，我国数字经济竞争力和影响力稳步提升。

——数据要素市场体系初步建立。数据资源体系基本建成，利用数据资源推动研发、生产、流通、服务、消费全价值链协同。数据要素市场化建设成效显现，数据确权、定价、交易有序开展，探索建立与数据要素价值和贡献相适应的收入分配机制，激发市场主体创新活力。

——产业数字化转型迈上新台阶。农业数字化转型快速推进，制造业数字化、网络化、智能化更加深入，生产性服务业融合发展加速普及，生活性服务业多元化拓展显著加快，产业数字化转型的支撑服务体系基本完备，在数字化转型过程中推进绿色发展。

——数字产业化水平显著提升。数字技术自主创新能力显著提升，数字化产品和服务供给质量大幅提高，产业核心竞争力明显增强，在部分领域形成全球领先优势。新产业新业态新模式持续涌现、广泛普及，对实体经济提质增效的带动作用显著增强。

——数字化公共服务更加普惠均等。数字基础设施广泛融入生产生活，对政务服务、公共服务、民生保障、社会治理的支撑作用进一步凸显。数字营商环境更加优化，电子政务服务水平进一步提升，网络化、数字化、智慧化的利企便民服务体系不断完善，数字鸿沟加速弥合。

——数字经济治理体系更加完善。协调统一的数字经济治理框架和规则体系基本建立，跨部门、跨地区的协同监管机制基本健全。政府数字化监管能力显著增强，行业和市场监管水平大幅提升。政府主导、多元参与、法治保障的数字经济治理格局基本形成，治理水平明显提升。与数字经济发展相适应的法律法规制度体系更加完善，数字经济安全体系进一步增强。

展望2035年，数字经济将迈向繁荣成熟期，力争形成统一公平、竞争有序、成熟完备的数字经济现代市场体系，数字经济发展基础、产业体系发展水平位居世界前列。

三、优化升级数字基础设施

（一）加快建设信息网络基础设施

建设高速泛在、天地一体、云网融合、智能敏捷、绿色低碳、安全可控的智能化综合性数字信息基础设施。有序推进骨干网扩容，协同推进千兆光纤网络和5G网络基础设施建设，推动5G商用部署和规模应用，前瞻布局第六代移动通信（6G）网络技术储备，加大6G技术研发支持力度，积极参与推动6G国际标准化工作。积极稳妥推进空间信息基础设施演进升级，加快布局卫星通信网络等，推动卫星互联网建设。提高物联网在工业制造、农业生产、公共服务、应急管理等领域的覆盖水平，增强固移融合、宽窄结合的物联接入能力。

（二）推进云网协同和算网融合发展

加快构建算力、算法、数据、应用资源协同的全国一体化大数据中心体系。在京津冀、长三角、粤港澳大湾区、成渝地区双城经济圈、贵州、内蒙古、甘肃、宁夏等地区布局全国一体化算力网络国家枢纽节点，建设数据中心集群，结合应用、产业等发展需求优化数据中心建设布局。加快实施"东数西算"工程，推进云网协同发展，提升数据中心跨网络、跨地域数据交互能力，加强面向特定场景的边缘计算能力，强化算力统筹和智能调度。按照绿色、低碳、集约、高效的原则，持续推进绿色数字中心建设，加快推进数据中心节能改造，持续提升数据中心可再生能源利用水平。推动智能计算中心有序发展，打造智能算力、通用算法和开发平台一体化的新型智能基础设施，面向政务服务、智慧城市、智能制造、自动驾驶、语言智能等重点新兴领域，提供体系化的人工智能服务。

(三)有序推进基础设施智能升级

稳步构建智能高效的融合基础设施,提升基础设施网络化、智能化、服务化、协同化水平。高效布局人工智能基础设施,提升支撑"智能+"发展的行业赋能能力。推动农林牧渔业基础设施和生产装备智能化改造,推进机器视觉、机器学习等技术应用。建设可靠、灵活、安全的工业互联网基础设施,支撑制造资源的泛在连接、弹性供给和高效配置。加快推进能源、交通运输、水利、物流、环保等领域基础设施数字化改造。推动新型城市基础设施建设,提升市政公用设施和建筑智能化水平。构建先进普惠、智能协作的生活服务数字化融合设施。在基础设施智能升级过程中,充分满足老年人等群体的特殊需求,打造智慧共享、和睦共治的新型数字生活。

四、充分发挥数据要素作用

(一)强化高质量数据要素供给

支持市场主体依法合规开展数据采集,聚焦数据的标注、清洗、脱敏、脱密、聚合、分析等环节,提升数据资源处理能力,培育壮大数据服务产业。推动数据资源标准体系建设,提升数据管理水平和数据质量,探索面向业务应用的共享、交换、协作和开放。加快推动各领域通信协议兼容统一,打破技术和协议壁垒,努力实现互通互操作,形成完整贯通的数据链。推动数据分类分级管理,强化数据安全风险评估、监测预警和应急处置。深化政务数据跨层级、跨地域、跨部门有序共享。建立健全国家公共数据资源体系,统筹公共数据资源开发利用,推动基础公共数据安全有序开放,构建统一的国家公共数据开放平台和开发利用端口,提升公共数据开放水平,释放数据红利。

(二)加快数据要素市场化流通

加快构建数据要素市场规则,培育市场主体、完善治理体系,促进数据要素市场流通。鼓励市场主体探索数据资产定价机制,推动形成数据资产目录,逐步完善数据定价体系。规范数据交易管理,培育规范的数据交易平台和市场主体，建立健全数据资产评估、登记结算、交易撮合、争议仲裁等市场运营体系，提升数据交易效率。严厉打击数据黑市交易，营造安全有序的市场环境。

（三）创新数据要素开发利用机制

适应不同类型数据特点，以实际应用需求为导向，探索建立多样化的数据开发利用机制。鼓励市场力量挖掘商业数据价值，推动数据价值产品化、服务化，大力发展专业化、个性化数据服务，促进数据、技术、场景深度融合，满足各领域数据需求。鼓励重点行业创新数据开发利用模式，在确保数据安全、保障用户隐私的前提下，调动行业协会、科研院所、企业等多方参与数据价值开发。对具有经济和社会价值、允许加工利用的政务数据和公共数据，通过数据开放、特许开发、授权应用等方式，鼓励更多社会力量进行增值开发利用。结合新型智慧城市建设，加快城市数据融合及产业生态培育，提升城市数据运营和开发利用水平。

五、充分发挥数据要素作用

（一）加快企业数字化转型升级

引导企业强化数字化思维，提升员工数字技能和数据管理能力，全面系统推动企业研发设计、生产加工、经营管理、销售服务等业务数字化转型。支持有条件的大型企业打造一体化数字平台，全面整合企业内部信息系统，强化全流程数据贯通，加快全价值链业务协同，形成数据驱动的智能决策能力，提升企业整体运行效率和产业链上下游协同效率。实施中小企业数字化赋能专项行动，支持中小企业从数字化转型需求迫切的环节入手，加快推进线上营销、远程协作、数字化办公、智能生产线等应用，由点及面向全业务全流程数字化转型延伸拓展。鼓励和支持互联网平台、行业龙头企业等立足自身优势，开放数字化资源和能力，帮助传统企业和中小企业实现数字化转型。推行普惠性"上云用数赋智"服务，推动企业上云、上平台，降低技术和资金壁垒，加快企业数字化转型。

(二)全面深化重点产业数字化转型

立足不同产业特点和差异化需求,推动传统产业全方位、全链条数字化转型,提高全要素生产率。大力提升农业数字化水平,推进"三农"综合信息服务,创新发展智慧农业,提升农业生产、加工、销售、物流等各环节数字化水平。纵深推进工业数字化转型,加快推动研发设计、生产制造、经营管理、市场服务等全生命周期数字化转型,加快培育一批"专精特新"中小企业和制造业单项冠军企业。深入实施智能制造工程,大力推动装备数字化,开展智能制造试点示范专项行动,完善国家智能制造标准体系。培育推广个性化定制、网络化协同等新模式。大力发展数字商务,全面加快商贸、物流、金融等服务业数字化转型,优化管理体系和服务模式,提高服务业的品质与效益。促进数字技术在全过程工程咨询领域的深度应用,引领咨询服务和工程建设模式转型升级。加快推动智慧能源建设应用,促进能源生产、运输、消费等各环节智能化升级,推动能源行业低碳转型。加快推进国土空间基础信息平台建设应用。推动产业互联网融通应用,培育供应链金融、服务型制造等融通发展模式,以数字技术促进产业融合发展。

(三)推动产业园区和产业集群数字化转型

引导产业园区加快数字基础设施建设,利用数字技术提升园区管理和服务能力。积极探索平台企业与产业园区联合运营模式,丰富技术、数据、平台、供应链等服务供给,提升线上线下相结合的资源共享水平,引导各类要素加快向园区集聚。围绕共性转型需求,推动共享制造平台在产业集群落地和规模化发展。探索发展跨越物理边界的"虚拟"产业园区和产业集群,加快产业资源虚拟化集聚、平台化运营和网络化协同,构建虚实结合的产业数字化新生态。依托京津冀、长三角、粤港澳大湾区、成渝地区双城经济圈等重点区域,统筹推进数字基础设施建设,探索建立各类产业集群跨区域、跨平台协同新机制,促进创新要素整合共享,构建创新协同、错位互补、供需联动的区域数字化发展生态,提升产业链供应链协同配套能力。

(四)培育转型支撑服务生态

建立市场化服务与公共服务双轮驱动,技术、资本、人才、数据等多要素支撑的数字化转型服务生态,解决企业"不会转""不能转""不敢转"的难题。面向重点行业和企业转型需求,培育推广一批数字化解决方案。聚焦转型咨询、标准制定、测试评估等方向,培育一批第三方专业化服务机构,提升数字化转型服务市场规模和活力。支持高校、龙头企业、行业协会等加强协同,建设综合测试验证环境,加强产业共性解决方案供给。建设数字化转型促进中心,衔接集聚各类资源条件,提供数字化转型公共服务,打造区域产业数字化创新综合体,带动传统产业数字化转型。

六、加快推动数字产业化

(一)增强关键技术创新能力

瞄准传感器、量子信息、网络通信、集成电路、关键软件、大数据、人工智能、区块链、新材料等战略性前瞻性领域,发挥我国社会主义制度优势、新型举国体制优势、超大规模市场优势,提高数字技术基础研发能力。以数字技术与各领域融合应用为导向,推动行业企业、平台企业和数字技术服务企业跨界创新,优化创新成果快速转化机制,加快创新技术的工程化、产业化。鼓励发展新型研发机构、企业创新联合体等新型创新主体,打造多元化参与、网络化协同、市场化运作的创新生态体系。支持具有自主核心技术的开源社区、开源平台、开源项目发展,推动创新资源共建共享,促进创新模式开放化演进。

(二)提升核心产业竞争力

着力提升基础软硬件、核心电子元器件、关键基础材料和生产装备的供给水平,强化关键产品自给保障能力。实施产业链强链补链行动,加强面向多元化应用场景的技术融合和产品创新,提升产业链关键环节竞争力,完善5G、集成电路、新能源汽车、人工智能、工业互联网等重点产业供应链体系。深化新一代信息技术集成创新和融合应用,加快平台化、定制化、轻量化服务模式创新，打造新兴数字产业新优势。协同推进信息技术软硬件产品产业化、规模化应用，加快集成适配和迭代优化，推动软件产业做大做强，提升关键软硬件技术创新和供给能力。

（三）加快培育新业态新模式

推动平台经济健康发展，引导支持平台企业加强数据、产品、内容等资源整合共享，扩大协同办公、互联网医疗等在线服务覆盖面。深化共享经济在生活服务领域的应用，拓展创新、生产、供应链等资源共享新空间。发展基于数字技术的智能经济，加快优化智能化产品和服务运营，培育智慧销售、无人配送、智能制造、反向定制等新增长点。完善多元价值传递和贡献分配体系，有序引导多样化社交、短视频、知识分享等新型就业创业平台发展。

（四）营造繁荣有序的产业创新生态

发挥数字经济领军企业的引领带动作用，加强资源共享和数据开放，推动线上线下相结合的创新协同、产能共享、供应链互通。鼓励开源社区、开发者平台等新型协作平台发展，培育大中小企业和社会开发者开放协作的数字产业创新生态，带动创新型企业快速壮大。以园区、行业、区域为整体推进产业创新服务平台建设，强化技术研发、标准制修订、测试评估、应用培训、创业孵化等优势资源汇聚，提升产业创新服务支撑水平。

七、持续提升公共服务数字化水平

（一）提高"互联网+政务服务"效能

全面提升全国一体化政务服务平台功能，加快推进政务服务标准化、规范化、便利化，持续提升政务服务数字化、智能化水平，实现利企便民高频服务事项"一网通办"。建立健全政务数据共享协调机制，加快数字身份统一认证和电子证照、电子签章、电子公文等互信互认，推进发票电子化改革，促进政务数据共享、流程优化和业务协同。推动政务服务线上线下整体联动、全流程在线、向基层深度拓展，提升服务便利化、共享化水平。开展政务数据与业务、服务深度融合创新,增强基于大数据的事项办理需求预测能力,打造主动式、多层次创新服务场景。聚焦公共卫生、社会安全、应急管理等领域,深化数字技术应用,实现重大突发公共事件的快速响应和联动处置。

(二)提升社会服务数字化普惠水平

加快推动文化教育、医疗健康、会展旅游、体育健身等领域公共服务资源数字化供给和网络化服务,促进优质资源共享复用。充分运用新型数字技术,强化就业、养老、儿童福利、托育、家政等民生领域供需对接,进一步优化资源配置。发展智慧广电网络,加快推进全国有线电视网络整合和升级改造。深入开展电信普遍服务试点,提升农村及偏远地区网络覆盖水平。加强面向革命老区、民族地区、边疆地区、脱贫地区的远程服务,拓展教育、医疗、社保、对口帮扶等服务内容,助力基本公共服务均等化。加强信息无障碍建设,提升面向特殊群体的数字化社会服务能力。促进社会服务和数字平台深度融合,探索多领域跨界合作,推动医养结合、文教结合、体医结合、文旅融合。

(三)推动数字城乡融合发展

统筹推动新型智慧城市和数字乡村建设,协同优化城乡公共服务。深化新型智慧城市建设,推动城市数据整合共享和业务协同,提升城市综合管理服务能力,完善城市信息模型平台和运行管理服务平台,因地制宜构建数字孪生城市。加快城市智能设施向乡村延伸覆盖,完善农村地区信息化服务供给,推进城乡要素双向自由流动,合理配置公共资源,形成以城带乡、共建共享的数字城乡融合发展格局。构建城乡常住人口动态统计发布机制,利用数字化手段助力提升城乡基本公共服务水平。

(四)打造智慧共享的新型数字生活

加快既有住宅和社区设施数字化改造,鼓励新建小区同步规划建设智能系统,打造智能楼宇、智能停车场、智能充电桩、智能垃圾箱等公共设施。引导智能家居产品互联互通,促进家居产品与家居环境智能互动,丰富"一键控制"、"一声响应"的数字家庭生活应用。加强超高清电视普及应用，发展互动视频、沉浸式视频、云游戏等新业态。创新发展"云生活"服务，深化人工智能、虚拟现实、8K高清视频等技术的融合，拓展社交、购物、娱乐、展览等领域的应用，促进生活消费品质升级。鼓励建设智慧社区和智慧服务生活圈，推动公共服务资源整合，提升专业化、市场化服务水平。支持实体消费场所建设数字化消费新场景，推广智慧导览、智能导流、虚实交互体验、非接触式服务等应用，提升场景消费体验。培育一批新型消费示范城市和领先企业，打造数字产品服务展示交流和技能培训中心，培养全民数字消费意识和习惯。

八、健全完善数字经济治理体系

（一）强化协同治理和监管机制

规范数字经济发展，坚持发展和监管两手抓。探索建立与数字经济持续健康发展相适应的治理方式，制定更加灵活有效的政策措施，创新协同治理模式。明晰主管部门、监管机构职责，强化跨部门、跨层级、跨区域协同监管，明确监管范围和统一规则，加强分工合作与协调配合。深化"放管服"改革，优化营商环境，分类清理规范不适应数字经济发展需要的行政许可、资质资格等事项，进一步释放市场主体创新活力和内生动力。鼓励和督促企业诚信经营，强化以信用为基础的数字经济市场监管，建立完善信用档案，推进政企联动、行业联动的信用共享共治。加强征信建设，提升征信服务供给能力。加快建立全方位、多层次、立体化监管体系，实现事前事中事后全链条全领域监管，完善协同会商机制，有效打击数字经济领域违法犯罪行为。加强跨部门、跨区域分工协作，推动监管数据采集和共享利用，提升监管的开放、透明、法治水平。探索开展跨场景跨业务跨部门联合监管试点，创新基于新技术手段的监管模式，建立健全触发式监管机制。加强税收监管和税务稽查。

（二）增强政府数字化治理能力

加大政务信息化建设统筹力度，强化政府数字化治理和服务能力建设，有效发挥对规范市场、鼓励创新、保护客户权益的支撑作用。建立完善基于大数据、人工智能、区块链等新技术的统计监测和决策分析体系，提升数字经济治理的精准性、协调性和有效性。推进完善风险应急响应处置流程和机制，强化重大问题研判和风险预警，提升系统性风险防范水平。探索建立适应平台经济特点的监管机制，推动线上线下监管有效衔接，强化对平台经营者及其行为的监管。

（三）完善多元共治新格局

建立完善政府、平台、企业、行业组织和社会公众多元参与、有效协同的数字经济治理新格局，形成治理合力，鼓励良性竞争，维护公平有效市场。加快健全市场准入制度、公平竞争审查机制，完善数字经济公平竞争监管制度，预防和制止滥用行政权力排除限制竞争。进一步明确平台企业主体责任和义务，推进行业服务标准建设和行业自律，保护平台从业人员和客户合法权益。开展社会监督、媒体监督、公众监督，培育多元治理、协调发展新生态。鼓励建立争议在线解决机制和渠道，制定并公示争议解决规则。引导社会各界积极参与推动数字经济治理，加强和改进反垄断执法，畅通多元主体诉求表达、权益保障渠道，及时化解矛盾纠纷，维护公众利益和社会稳定。

九、着力强化数字经济安全体系

（一）增强网络安全防护能力

强化落实网络安全技术措施同步规划、同步建设、同步使用的要求，确保重要系统和设施安全有序运行。加强网络安全基础设施建设，强化跨领域网络安全信息共享和工作协同，健全完善网络安全应急事件预警通报机制，提升网络安全态势感知、威胁发现、应急指挥、协同处置和攻击溯源能力。提升网络安全应急处置能力，加强电信、金融、能源、交通运输、水利等重要行业领域关键信息基础设施网络安全防护能力，支持开展常态化安全风险评估，加强网络安全等级保护和密码应用安全性评估。支持网络安全保护技术和产品研发应用，推广使用安全可靠的信息产品、服务和解决方案。强化针对新技术、新应用的安全研究管理，为新产业新业态新模式健康发展提供保障。加快发展网络安全产业体系，促进拟态防御、数据加密等网络安全技术应用。加强网络安全宣传教育和人才培养，支持发展社会化网络安全服务。

（二）提升数据安全保障水平

建立健全数据安全治理体系，研究完善行业数据安全管理政策。建立数据分类分级保护制度，研究推进数据安全标准体系建设，规范数据采集、传输、存储、处理、共享、销毁全生命周期管理，推动数据使用者落实数据安全保护责任。依法依规加强政务数据安全保护，做好政务数据开放和社会化利用的安全管理。依法依规做好网络安全审查、云计算服务安全评估等，有效防范国家安全风险。健全完善数据跨境流动安全管理相关制度规范。推动提升重要设施设备的安全可靠水平，增强重点行业数据安全保障能力。进一步强化个人信息保护，规范身份信息、隐私信息、生物特征信息的采集、传输和使用，加强对收集使用个人信息的安全监管能力。

（三）切实有效防范各类风险

强化数字经济安全风险综合研判，防范各类风险叠加可能引发的经济风险、技术风险和社会稳定问题。引导社会资本投向原创性、引领性创新领域，避免低水平重复、同质化竞争、盲目跟风炒作等，支持可持续发展的业态和模式创新。坚持金融活动全部纳入金融监管，加强动态监测，规范数字金融有序创新，严防衍生业务风险。推动关键产品多元化供给，着力提高产业链供应链韧性，增强产业体系抗冲击能力。引导企业在法律合规、数据管理、新技术应用等领域完善自律机制，防范数字技术应用风险。健全失业保险、社会救助制度，完善灵活就业的工伤保险制度。健全灵活就业人员参加社会保险制度和劳动者权益保障制度，推进灵活就业人员参加住房公积金制度试点。探索建立新业态企业劳动保障信用评价、守信激励和失信惩戒等制度。着力推动数字经济普惠共享发展，健全完善针对未成年人、老年人等各类特殊群体的网络保护机制。

十、着力强化数字经济安全体系

(一)加快贸易数字化发展

以数字化驱动贸易主体转型和贸易方式变革,营造贸易数字化良好环境。完善数字贸易促进政策,加强制度供给和法律保障。加大服务业开放力度,探索放宽数字经济新业态准入,引进全球服务业跨国公司在华设立运营总部、研发设计中心、采购物流中心、结算中心,积极引进优质外资企业和创业团队,加强国际创新资源"引进来"。依托自由贸易试验区、数字服务出口基地和海南自由贸易港,针对跨境寄递物流、跨境支付和供应链管理等典型场景,构建安全便利的国际互联网数据专用通道和国际化数据信息专用通道。大力发展跨境电商,扎实推进跨境电商综合试验区建设,积极鼓励各业务环节探索创新,培育壮大一批跨境电商龙头企业、海外仓领军企业和优秀产业园区,打造跨境电商产业链和生态圈。

(二)推动"数字丝绸之路"深入发展

加强统筹谋划,高质量推动中国—东盟智慧城市合作、中国—中东欧数字经济合作。围绕多双边经贸合作协定,构建贸易投资开放新格局,拓展与东盟、欧盟的数字经济合作伙伴关系,与非盟和非洲国家研究开展数字经济领域合作。统筹开展境外数字基础设施合作,结合当地需求和条件,与共建"一带一路"国家开展跨境光缆建设合作,保障网络基础设施互联互通。构建基于区块链的可信服务网络和应用支撑平台,为广泛开展数字经济合作提供基础保障。推动数据存储、智能计算等新兴服务能力全球化发展。加大金融、物流、电子商务等领域的合作模式创新,支持我国数字经济企业"走出去",积极参与国际合作。

(三)积极构建良好国际合作环境

倡导构建和平、安全、开放、合作、有序的网络空间命运共同体,积极维护网络空间主权,加强网络空间国际合作。加快研究制定符合我国国情的数字经济相关标准和治理规则。依托双边和多边合作机制,开展数字经济标准国际协调和数字经济治理合作。积极借鉴国际规则和经验，围绕数据跨境流动、市场准入、反垄断、数字人民币、数据隐私保护等重大问题探索建立治理规则。深化政府间数字经济政策交流对话，建立多边数字经济合作伙伴关系，主动参与国际组织数字经济议题谈判，拓展前沿领域合作。构建商事协调、法律顾问、知识产权等专业化中介服务机制和公共服务平台，防范各类涉外经贸法律风险，为出海企业保驾护航。

十一、保障措施

（一）加强统筹协调和组织实施

建立数字经济发展部际协调机制，加强形势研判，协调解决重大问题，务实推进规划的贯彻实施。各地方要立足本地区实际，健全工作推进协调机制，增强发展数字经济本领，推动数字经济更好的服务和融入新发展格局。进一步加强对数字经济发展政策的解读与宣传，深化数字经济理论和实践研究，完善统计测度和评价体系。各部门要充分整合现有资源，加强跨部门协调沟通，有效调动各方面的积极性。

（二）加大资金支持力度

加大对数字经济薄弱环节的投入，突破制约数字经济发展的短板与瓶颈，建立推动数字经济发展的长效机制。拓展多元投融资渠道，鼓励企业开展技术创新。鼓励引导社会资本设立市场化运作的数字经济细分领域基金，支持符合条件的数字经济企业进入多层次资本市场进行融资，鼓励银行业金融机构创新产品和服务，加大对数字经济核心产业的支持力度。加强对各类资金的统筹引导，提升投资质量和效益。

（三）提升全民数字素养和技能

实施全民数字素养与技能提升计划，扩大优质数字资源供给，鼓励公共数字资源更大范围向社会开放。推进中小学信息技术课程建设，加强职业院校（含技工院校）数字技术技能类人才培养，深化数字经济领域新工科、新文科建设，支持企业与院校共建一批现代产业学院、联合实验室、实习基地等，发展订单制、现代学徒制等多元化人才培养模式。制定实施数字技能提升专项培训计划，提高老年人、残障人士等运用数字技术的能力，切实解决老年人、残障人士面临的困难。提高公民网络文明素养，强化数字社会道德规范。鼓励将数字经济领域人才纳入各类人才计划支持范围，积极探索高效灵活的人才引进、培养、评价及激励政策。

（四）实施试点示范

统筹推动数字经济试点示范，完善创新资源高效配置机制，构建引领性数字经济产业集聚高地。鼓励各地区、各部门积极探索适应数字经济发展趋势的改革举措，采取有效方式和管用措施，形成一批可复制推广的经验做法和制度性成果。支持各地区结合本地区实际情况，综合采取产业、财政、科研、人才等政策手段，不断完善与数字经济发展相适应的政策法规体系、公共服务体系、产业生态体系和技术创新体系。鼓励跨区域交流合作，适时总结推广各类示范区经验，加强标杆示范引领，形成以点带面的良好局面。

（五）强化监测评估

各地区、各部门要结合本地区、本行业实际，抓紧制定出台相关配套政策并推动落地。要加强对规划落实情况的跟踪监测和成效分析，抓好重大任务推进实施，及时总结工作进展。国家发展改革委、中央网信办、工业和信息化部要会同有关部门加强调查研究和督促指导，适时组织开展评估，推动各项任务落实到位，重大事项及时向国务院报告（本《规划》专栏内容略）。

《"十四五"建筑业发展规划》

本规划根据《中华人民共和国国民经济和社会发展第十四个五年规划和2035年远景目标纲要》编制，主要阐明"十四五"时期建筑业发展的战略方向，明确发展目标和主要任务，是行业发展的指导性文件。

一、总体要求

（一）规划背景

"十三五"期间，我国建筑业改革发展成效显著，全国建筑业增加值年均增长5.1%，占国内生产总值比重保持在6.9%以上，建筑企业签订合同额年均增长12.5%，勘察设计企业营业收入年均增长24.1%，工程监理、造价咨询、招标代理等工程咨询服务企业营业收入年均增长均超过15%。2020年，全国建筑业总产值达26.39万亿元，实现增加值7.2万亿元，占国内生产总值比重达到7.1%，房屋施工面积149.47亿平方米，建筑业从业人数5366万人。建筑业作为国民经济支柱产业的作用不断增强，为促进经济增长、缓解社会就业压力、推进新型城镇化建设、保障和改善人民生活、决胜全面建成小康社会作出了重要贡献。

在取得成绩的同时，建筑业依然存在发展质量和效益不高的问题，集中表现为发展方式粗放、劳动生产率低、高耗能高排放、市场秩序不规范、建筑品质总体不高、工程质量安全事故时有发生等，与人民群众日益增长的美好生活需要相比仍有一定差距。

"十四五"时期是新发展阶段的开局起步期，是实施城市更新行动、推进新型城镇化建设的机遇期，也是加快建筑业转型发展的关键期。一方面，建筑市场作为我国超大规模市场的重要组成部分，是构建新发展格局的重要阵地，在与先进制造业、新一代信息技术深度融合发展方面有着巨大的潜力和发展空间。另一方面，我国城市发展由大规模增量建设转为存量提质改造和增量结构调整并重，人民群众对住房的要求从有没有转向追求好不好，将为建筑业提供难得的转型发展机遇。建筑业迫切需要树立新发展思路，将扩大内需与转变发展方式有机结合起来，同步推进，从追求高速增长转向追求高质量发展，从"量"的扩张转向"质"的提升，走出一条内涵集约式发展新路。

（二）指导思想

以习近平新时代中国特色社会主义思想为指导，深入贯彻党的十九大和十九届历次全会精神，立足新发展阶段，完整、准确、全面贯彻新发展理念，构建新发展格局，坚持稳中求进工作总基调，以推动建筑业高质量发展为主题，以深化供给侧结构性改革为主线，以推动智能建造与新型建筑工业化协同发展为动力，加快建筑业转型升级，实现绿色低碳发展，切实提高发展质量和效益，不断满足人民群众对美好生活的需要，为开启全面建设社会主义现代化国家新征程奠定坚实基础。

（三）基本原则

——坚持统筹谋划，系统推进。坚持问题导向、目标导向和结果导向，对标"十四五"时期经济社会发展目标和2035年远景目标，落实碳达峰、碳中和目标任务，加强前瞻性研究、全局性谋划和战略性布局，明确建筑业改革发展方向和目标任务，坚持整体推进与重点突破相结合，着力构建行业发展新格局。

——坚持市场主导，政府引导。持续完善建筑业管理体制机制，建设高标准建筑市场体系，深入推进"放管服"改革，进一步优化营商环境，充分发挥市场在资源配置中的决定性作用，更好发挥政府作用，有效激发建筑市场各方主体活力。

——坚持创新驱动，绿色发展。推广绿色化、工业化、信息化、集约化、产业化建造方式，推动新一代信息技术与建筑业深度融合，积极培育新产品、新业态、新模式，减少材料和能源消耗，降低建造过程碳排放量，实现更高质量、更有效率、更加公平、更可持续的发展。

——坚持质量第一，安全为本。统筹发展与安全，坚持人民至上、生命至上，坚决把质量安全作为行业发展的生命线，以数字化赋能为支撑，以信用管理为抓手，健全工程质量安全管理机制，强化政府监管作用，防范化解重大质量安全风险，着力提升建筑品质，不断增强人民群众获得感。

二、发展目标

（一）2035年远景目标

以建设世界建造强国为目标，着力构建市场机制有效、质量安全可控、标准支撑有力、市场主体有活力的现代化建筑业发展体系。到2035年，建筑业发展质量和效益大幅提升，建筑工业化全面实现，建筑品质显著提升，企业创新能力大幅提高，高素质人才队伍全面建立，产业整体优势明显增强，"中国建造"核心竞争力世界领先，迈入智能建造世界强国行列，全面服务社会主义现代化强国建设。

（二）"十四五"时期发展目标

对标2035年远景目标，初步形成建筑业高质量发展体系框架，建筑市场运行机制更加完善，营商环境和产业结构不断优化，建筑市场秩序明显改善，工程质量安全保障体系基本健全，建筑工业化、数字化、智能化水平大幅提升，建造方式绿色转型成效显著，加速建筑业由大向强转变，为形成强大国内市场、构建新发展格局提供有力支撑。

——国民经济支柱产业地位更加稳固。高质量完成全社会固定资产投资建设任务，全国建筑业总产值年均增长率保持在合理区间，建筑业增加值占国内生产总值的比重保持在6%左右。新一代信息技术与建筑业实现深度融合，催生一批新产品新业态新模式，壮大经济发展新引擎。

——产业链现代化水平明显提高。智能建造与新型建筑工业化协同发展的政策体系和产业体系基本建立，装配式建筑占新建建筑的比例达到30%以上，打造一批建筑产业互联网平台，形成一批建筑机器人标志性产品，培育一批智能建造和装配式建筑产业基地。

——绿色低碳生产方式初步形成。绿色建造政策、技术、实施体系初步建立,绿色建造方式加快推行,工程建设集约化水平不断提高,新建建筑施工现场建筑垃圾排放量控制在每万平方米300吨以下,建筑废弃物处理和再利用的市场机制初步形成,建设一批绿色建造示范工程。

——建筑市场体系更加完善。建筑法修订加快推进,法律法规体系更加完善。企业资质管理制度进一步完善,个人执业资格管理进一步强化,工程担保和信用管理制度不断健全,工程造价市场化机制初步形成。工程建设组织模式持续优化,工程总承包和全过程工程咨询广泛推行。符合建筑业特点的用工方式基本建立,建筑工人实现公司化、专业化管理,中级工以上建筑工人达1000万人以上。

——工程质量安全水平稳步提升。建筑品质和使用功能不断提高,建筑施工安全生产形势持续稳定向好,重特大安全生产事故得到有效遏制。建设工程消防设计审查和验收平稳有序开展,城市轨道交通工程智慧化建设初具成效,工程抗震防灾能力稳步提升,质量安全技术创新和应用水平不断提高。

三、主要任务

(一)加快智能建造与新型建筑工业化协同发展

1.完善智能建造政策和产业体系

实施智能建造试点示范创建行动,发展一批试点城市,建设一批示范项目,总结推广可复制政策机制。加强基础共性和关键核心技术研发,构建先进适用的智能建造标准体系。发布智能建造新技术新产品创新服务典型案例,编制智能建造白皮书,推广数字设计、智能生产和智能施工。培育智能建造产业基地,加快人才队伍建设,形成涵盖科研、设计、生产加工、施工装配、运营等全产业链融合一体的智能建造产业体系。

2.夯实标准化和数字化基础

完善模数协调、构件选型等标准,建立标准化部品部件库,推进建筑平面、立面、部品部件、接口标准化,推广少规格、多组合设计方法,实现标准化和多样化的统一。加快推进建筑信息模型(BIM)技术在工程全寿命期的集成应用，健全数据交互和安全标准，强化设计、生产、施工各环节数字化协同，推动工程建设全过程数字化成果交付和应用。

专栏1　BIM技术集成应用

2025年，基本形成BIM技术框架和标准体系。

1. 推进自主可控BIM软件研发。积极引导培育一批BIM软件开发。

2. 完善BIM标准体系。加快编制数据接口、信息交换等标准，推进BIM与生产管理系统、工程管理信息系统、建筑产业互联网平台的一体化应用。

3. 引导企业建立BIM云服务平台。推动信息传递云端化，实现设计、生产、施工环节数据共享。

4. 建立基于BIM的区域管理体系。研究利用BIM技术进行区域管理的标准、导则和平台建设要求，建立应用场景，在新建区域探索建立单个项目建设与区域管理融合的新模式，在既有建筑区域探索基于现状的快速建模技术。

5. 开展BIM报建审批试点。完善BIM报建审批标准，建立BIM辅助审查审批的信息系统，推进BIM与城市信息模型（CIM）平台融通联动，提高信息化监管能力。

骨干企业和专业人才，保障信息安全。

---

3. 推广数字化协同设计

应用数字化手段丰富方案创作方法，提高建筑设计方案创作水平。鼓励大型设计企业建立数字化协同设计平台，推进建筑、结构、设备管线、装修等一体化集成设计，提高各专业协同设计能力。完善施工图设计文件编制深度要求，提升精细化设计水平，为后续精细化生产和施工提供基础。研发利用参数化、生成式设计软件，探索人工智能技术在设计中应用。研究应用岩土工程勘测信息挖掘、集成技术和方法，推进勘测过程数字化。

4. 大力发展装配式建筑

构建装配式建筑标准化设计和生产体系，推动生产和施工智能化升级，扩大标准化构件和部品部件使用规模，提高装配式建筑综合效益。完善适用不同建筑类型装配式混凝土建筑结构体系，加大高性能混凝土、高强钢筋和消能减震、预应力技术集成应用。完善钢结构建筑标准体系，推动建立钢结构住宅通用技术体系，健全钢结构建筑工程计价依据，以标准化为主线引导上下游产业链协同发展。积极推进装配化装修方式在商品住房项目中的应用，推广管线分离、一体化装修技术，推广集成化模块化建筑部品，促进装配化装修与装配式建筑深度融合。大力推广应用装配式建筑，积极推进高品质钢结构住宅建设，鼓励学校、医院等公共建筑优先采用钢结构。培育一批装配式建筑生产基地。

5. 打造建筑产业互联网平台

加大建筑产业互联网平台基础共性技术攻关力度，编制关键技术标准、发展指南和白皮书。开展建筑产业互联网平台建设试点，探索适合不同应用场景的系统解决方案，培育一批行业级、企业级、项目级建筑产业互联网平台，建设政府监管平台。鼓励建筑企业、互联网企业和科研院所等开展合作，加强物联网、大数据、云计算、人工智能、区块链等新一代信息技术在建筑领域中的融合应用。

专栏2　建筑产业互联网平台建设

1. 加快建设行业级平台。围绕部品部件生产采购配送、工程机械，2025年，建筑产业互联网平台体系初步形成，培育一批行业级、企业级、项目级平台和政府监管平台。设备租赁、建筑劳务用工、装饰装修等重点领域推进行业级建筑产业互联网平台建设，提高供应链协同水平，推动资源高效配置。

2. 积极培育企业级平台。发挥龙头企业示范引领作用，以企业资源计划（ERP）平台为基础，建设企业级建筑产业互联网平台，实现企业资源集约调配和智能决策，提升企业运营管理效益。

3. 研发应用项目级平台。以智慧工地建设为载体推广项目级建筑产业互联网平台，运用信息化手段解决施工现场实际问题，强化关键环节质量安全管控，提升工程项目建设管理水平。

> 4.探索建设政府监管平台。完善全国建筑市场监管公共服务平台，推动各地研发基于建筑产业互联网平台的政府监管平台，汇聚整合建筑业大数据资源，支撑市场监测和数据分析功能，探索建立大数据辅助科学决策和市场监管的机制。

6. 加快建筑机器人研发和应用

加强新型传感、智能控制和优化、多机协同、人机协作等建筑机器人核心技术研究，研究编制关键技术标准，形成一批建筑机器人标志性产品。积极推进建筑机器人在生产、施工、维保等环节的典型应用，重点推进与装配式建筑相配套的建筑机器人应用，辅助和替代"危、繁、脏、重"施工作业。推广智能塔吊、智能混凝土泵送设备等智能化工程设备，提高工程建设机械化、智能化水平。

> **专栏3 建筑机器人研发应用**
>
> 2025年，形成一批建筑机器人标志性产品，实现部分领域批量化应用。
>
> 1.推广部品部件生产机器人。以混凝土预制构件制作、钢构件下料焊接、隔墙板和集成厨卫生产等工厂生产关键工艺环节为重点，推进建筑机器人创新应用。
>
> 2.加快研发施工机器人。以测量、材料配送、钢筋加工、混凝土浇筑、构部件安装、楼面墙面装饰装修、高空焊接、深基坑施工等现场施工环节为重点，加快建筑机器人研发应用。
>
> 3.积极探索运维机器人。在建筑安全监测、安防巡检、高层建筑清洁等运维环节，加强建筑机器人应用场景探索。

7. 推广绿色建造方式

持续深化绿色建造试点工作，提炼可复制推广经验。开展绿色建造示范工程创建行动，提升工程建设集约化水平，实现精细化设计和施工。培育绿色建造创新中心，加快推进关键核心技术攻关及产业化应用。研究建立绿色建造政策、技术、实施体系，出台绿色建造技术导则和计价依据，构建覆盖工程建设全过程的绿色建造标准体系。在政府投资工程和大型公共建筑中全面推行绿色建造。积极推进施工现场建筑垃圾减量化，推动建筑废弃物的高效处理与再利用，探索建立研发、设计、建材和部品部件生产、施工、资源回收再利用等一体化协同的绿色建造产业链。

专栏4　建筑垃圾减量化

2025年，各地区建筑垃圾减量化工作机制进一步完善，实现新建建筑施工现场建筑垃圾（不包括工程渣土、工程泥浆）排放量每万平方米不高于300吨，其中装配式建筑排放量不高于200吨。

1.完善制度和标准体系。构建依法治废、源头减量、资源利用制度体系和建筑垃圾分类、收集、统计、处置及再生利用标准体系。探索建立施工现场建筑垃圾排放量公示制度，研究建筑垃圾资源化产品准入与保障机制。

2.推动技术和管理创新。支持开展建筑垃圾减量化技术和管理创新研究，打造一批技术转化平台，形成基础研究、技术攻关、成果产业化的建筑垃圾治理全过程创新生态链。

3.提升建筑垃圾信息化管理水平。引导和推广建立建筑垃圾管理平台。构建全程覆盖、精细高效的监管体系，实现建筑垃圾可量化、可追踪的全过程闭合管理。

（二）健全建筑市场运行机制

1.加强建筑市场信用体系建设

完善建筑市场信用管理政策体系，构建以信用为基础的新型建筑市场监管机制。完善全国建筑市场监管公共服务平台，加强对行政许可、行政处罚、工程业绩、质量安全事故、监督检查、评奖评优等信息的归集和共享，全面记录建筑市场各方主体信用行为。推进部门间信用信息共享，鼓励社会组织及第三方机构参与信用信息归集，丰富和完善建筑市场主体信用档案。实行信用信息分级分类管理，加强信用信息在政府采购、招标投标、行政审批、市场准入等事项中应用，根据市场主体信用情况实施差异化监管。加大对违法发包、转包、违法分包、资质资格挂靠等违法违规行为的查处力度，完善和实施建筑市场主体"黑名单"制度，开展失信惩戒，持续规范建筑市场秩序。

专栏5　全国建筑市场监管公共服务平台建设

2025年，基本形成覆盖建筑业的"互联网＋政务服务"和"互联网＋监管"体系，对接支撑建筑产业互联网平台。

1.推进行业数据互联共享。统一数据标准，打通数据壁垒。积极应用BIM、物联网、区块链等先进信息技术，加强政府监管数据和市场主体行为数据的归集共享，基本建成建筑业基础数据库。

2.提升政务服务质量。全面推行施工许可电子证照、消防设计审查验收电子证照，加快推广应用企业资质证书、人员注册执业证书电子证照。在全国范围内推进各类电子证照信息的归集共享，为相关政务服务事项提供技术支撑，推动实现"数据多跑路、群众少跑腿"。

3.创新信用监管模式。完善建筑市场信用信息数据库，加强对行政许可、行政处罚、工程业绩、评奖评优等信息的归集共享，建立完善建筑市场主体信用档案。实行信用信息分级分类管理，加大信用信息公开力度，推进信用信息科学规范应用。探索建立大数据辅助监管和决策的机制，提升政府数字化监管能力。

2.深化招标投标制度改革

完善招标投标制度体系，进一步扩大招标人自主权，强化招标人首要责任。鼓励有条件的地区政府投资工程按照建设、使用分离的原则，实施相对集中专业化管理。优化评标方法，将投标人信用情况和工程质量安全情况作为评标重要指标，优先选择符合绿色发展要求的投标方案。积极推行采用"评定分离"方法确定中标人。完善设计咨询服务委托和计费模式，推广采用团队招标方式选择设计单位，探索设计服务市场化人工时计价模式，根据设计服务内容、深度和质量合理确定设计服务价格，推动实现"按质择优、优质优价"。全面推行招标投标交易全过程电子化和异地远程评标，加大招标投标活动信息公开力度，加快推动交易、监管数据互联共享。规范招标投标异议投诉处理工作，强化事中事后监管，依法严肃查处规避招标、串通投标、弄虚作假等违法违规行为，及时纠正通过设立不合理条件限制或排斥外地企业承揽业务的做法，形成统一开放、竞争有序的市场环境。

3. 完善企业资质管理制度

深化建设工程企业资质管理制度改革，修订出台企业资质管理规定和标准，大幅压减企业资质类别和等级，放宽建筑市场准入限制。下放企业资质审批权限，推行企业资质审批告知承诺制和企业资质证书电子证照，简化各类证明事项，实现企业资质审批"一网通办"。加强企业资质与质量安全的联动管理，实行"一票否决"制，对发生质量安全事故的企业依法从严处罚，并在一定期限内不批准其资质申请。充分利用信息化手段加强资质审批后动态监管，将违法违规行为、质量安全问题多发或存在重大质量安全隐患的企业列为重点核查对象，不符合资质标准要求的依法撤回。

4. 强化个人执业资格管理

完善注册建筑师、勘察设计注册工程师、注册建造师、注册监理工程师和注册造价工程师管理制度，进一步明确注册人员权利、义务和责任。推进职业资格考试、注册、执业、继续教育等制度改革，推行注册执业证书电子证照。提高注册人员执业实践能力，严格执行执业签字制度，探索建立个人执业保险制度，规范执业行为。在部分地区探索实行注册人员执业行为扣分制，扣分达到一定数量后限制执业并接受继续教育。弘扬职业精神，提升注册人员的专业素养和社会责任感。

5. 推行工程担保制度

加快推行投标担保、履约担保、工程质量保证担保和农民工工资支付担保，提升各类保证金的保函替代率。加快推行银行保函制度，探索工程担保公司保函和工程保证保险。落实建设单位工程款支付担保制度。大力推行电子保函，研究制定保函示范文本和电子保函数据标准，加大保函信息公开力度。

6. 完善工程监理制度

进一步夯实监理责任，明确职责范围，提高监理能力，整顿规范监理市场，优化市场环境。鼓励监理企业参与城市更新行动、新型城镇化建设、高品质绿色建筑建设。鼓励监理企业通过政府购买服务方式参与工程质量安全监督检查，强化工程监理在质量安全管理方面的作用。在铁路工程等领域推广重大工程建设项目监理向政府报告工作制度。推进监理行业标准化、信息化建设，组织行业协会、监理企业研究制定工程监理相关团体标准、企业标准和示范文本，推进BIM技术、物联网、人工智能等现代信息技术在工程监理中的融合应用。

7.深化工程造价改革

完善工程计价依据体系，从国情出发，借鉴国际做法，改进工程计量和计价规则，优化计价依据编制、发布和动态管理机制，更加适应市场化需要。搭建市场价格信息发布平台，鼓励企事业单位和行业协会通过平台发布人工、材料、机械等市场价格信息，进一步完善工程造价市场形成机制。加快建立国有资金投资工程造价数据库，加强工程造价数据积累，为相关工程概预算编制提供依据。强化建设单位造价管控责任，严格施工合同履约管理，全面推行施工过程价款结算和支付。完善造价咨询行业监管制度，构建政府主导、企业自治、行业自律、社会监督的协同监管新格局。

（三）完善工程建设组织模式

1.推广工程总承包模式

加快完善工程总承包相关的招标投标、工程计价、合同管理等制度规定，落实工程总承包单位工程设计、施工主体责任。以装配式建筑为重点，鼓励和引导建设内容明确、技术方案成熟的工程项目优先采用工程总承包模式。支持工程总承包单位做优做强、专业承包单位做精做专，提高工程总承包单位项目管理、资源配置、风险管控等综合服务能力，进一步延伸融资、运行维护服务。在工程总承包项目中推进全过程BIM技术应用，促进技术与管理、设计与施工深度融合。鼓励建设单位根据实施效益对工程总承包单位给予奖励。

2.发展全过程工程咨询服务

加快建立全过程工程咨询服务交付标准、工作流程、合同体系和管理体系，明确权责关系，完善服务酬金计取方式。发展涵盖投资决策、工程建设、运营等环节的全过程工程咨询服务模式，鼓励政府投资项目和国有企业投资项目带头推行。培养一批具有国际竞争力的全过程工程咨询企业和领军人才。

3. 推行建筑师负责制

在民用建筑工程项目中推行建筑师负责制，在统筹协调设计阶段各专业和环节基础上，推行建筑师负责工程建设全过程管理和服务。出台推行建筑师负责制指导意见，完善委托发包方式、服务标准、合同示范文本以及个人执业保险等配套制度。依据合同赋予建筑师代表建设单位签发指令和认可工程的权利，明确建筑师相应的设计主体责任和咨询管理责任，更好发挥建筑师对建筑品质管控作用。拓展设计咨询服务链条，促进工程设计咨询服务向专业化和价值链高端延伸。探索建立建筑前策划、后评估制度，优化项目前期技术策划，对已使用建筑的功能、效益、环境影响等进行综合评估，强化设计引领作用。

（四）培育建筑产业工人队伍

1. 改革建筑劳务用工制度

鼓励建筑企业通过培育自有建筑工人、吸纳高技能技术工人和职业院校毕业生等方式，建立相对稳定的核心技术工人队伍。引导小微型劳务企业向专业作业企业转型发展，进一步做专做精。制定建筑工人职业技能标准和评价规范，推行终身职业技能培训制度。推动大型建筑业央企与高职院校合作办学，建设建筑产业工人培育基地，加强技能培训。推动各地制定施工现场技能工人基本配备标准，推行装配式建筑灌浆工、构件装配工、钢结构吊装工等特殊工种持证上岗。完善建筑职业（工种）人工价格市场化信息发布机制，引导建筑企业将建筑工人薪酬与技能等级挂钩。全面落实建筑工人劳动合同制度。

2. 加强建筑工人实名制管理

完善全国建筑工人管理服务信息平台，充分运用物联网、生物识别、区块链等新一代信息技术，实现建筑工人实名制、劳动合同、培训记录与考核评价、作业绩效与评价等方面的信息化管理。制定统一数据标准，加强各系统平台间数据对接互认，实现全国数据互联共享。将建筑工人管理数据与日常监管相结合，加强数据分析应用，提升监管效能。在建筑工人实名制管理的基础上，加强管理人员到岗履职监管，严格实行特种作业人员实名上岗，压实现场管理和技术人员责任。

3.保障建筑工人合法权益

健全保障建筑工人薪酬支付的长效机制，落实工资保证金、工资专用账户管理等制度，推行分包单位农民工工资委托施工总承包单位代发制度。完善建筑工人社会保险缴费机制，保障职业安全和健康权益。落实施工现场生活环境、劳动保护和作业环境基本配置，持续改善建筑工人生产生活环境。鼓励有条件的企业按照国家规定进行上岗前、在岗期间和离岗时的职业健康检查。

（五）完善工程质量安全保障体系

1.提升工程建设标准水平

完善建筑工程质量标准体系，提高安全标准，强化工程质量保障的标准化措施。进一步完善建筑性能标准，合理确定节能、室内外环境质量、无障碍、适老化等建筑品质指标。研究制订绿色建筑设计、施工、运行维护标准体系，完善既有建筑绿色改造技术及评价标准，编制超低能耗、近零能耗建筑相关标准。

2.落实工程质量安全责任

全面落实工程建设各方主体及项目负责人质量安全责任，进一步明确责任边界，构建以建设单位为首要责任的质量安全主体责任体系。完善责任追溯机制，加大质量安全责任追究力度，依法依规严肃事故查处。严格执行工程质量终身责任制，落实法定代表人授权书、质量终身责任承诺书和永久性标牌制度。研究制定施工安全风险防控和重大隐患排查治理标准，建立健全双重预防工作机制。完善安全生产许可证制度，探索推行"全国一证、分省管理"方式。

3.全面提高工程质量安全监管水平

健全工程质量安全监督机制，完善省、市、县三级监管体系，厘清层级监管职责，严格落实监管责任。依托全国工程质量安全监管平台和地方各级监管平台，大力推进"互联网+监管"，充分运用大数据、云计算等信息化手段和差异化监督方式，实现"智慧"监督。完善质量安全监管和执法衔接机制，提高精准执法和服务水平。加强工程质量安全监督队伍建设，加大专业人员培训力度，强化层级监督考核机制，提升监督队伍标准化、专业化水平。组织开展全国工程质量检测行业专项治理行动，规范检测市场秩序，依法严厉打击弄虚作假等违法违规行为。

专栏6　预拌混凝土质量专项治理

2025年，预拌混凝土管理法规制度更加完备，预拌混凝土质量总体可控、稳中有升。

1.组织开展预拌混凝土质量专项抽查。依法严厉查处预拌混凝土质量不合格、违规使用或检测数据造假等违法违规行为。

2.完善预拌混凝土管理制度。健全预拌混凝土生产、运输和使用环节质量管理机制。

3.完善预拌混凝土相关标准。研究制定混凝土结构通用规范和机制砂混凝土应用技术规范，修订预拌混凝土产品标准。

4.组织开展违规海砂排查整治行动。指导地方严厉打击违规使用海砂等行为。

专栏7　危险性较大的分部分项工程专项治理

2025年，重大安全风险管控和隐患排查治理机制更加健全，安全生产责任体系更加完善，安全科技支撑能力显著增强，施工安全事故得到有效遏制。

1.制定《危险性较大的分部分项工程专项施工方案编制指南》，加强专项施工方案编制、审核、论证、实施环节突出问题整治，严厉打击可能导致群死群伤事故的严重违法违规行为。

2.鼓励推行建筑起重机械租赁、安拆、使用、维护一体化管理模式，进一步压实建筑起重机械各环节安全生产责任。

3.加大危险性较大的分部分项工程领域安全技术和信息化技术研发推广，实施"机械化换人、自动化减人"，消除重大隐患。

4.构建工程质量安全治理新局面

加快工程质量安全信用体系建设,进一步健全质量安全信用信息归集、公开制度,加大守信激励和失信惩戒力度。完善安全生产处罚机制,严格落实安全生产事故"一票否决"制度。大力发展工程质量保险,积极开展质量保险顶层设计研究,以城市为单位启动新一轮质量保险试点,加快推动全国工程质量保险信息系统建设。制定建筑施工安全生产责任保险实施办法,建立健全投保理赔事故预防机制。推动建立建筑工程质量评价制度,形成可量化的评价指标和评价机制,鼓励通过政府购买服务,委托具备条件的第三方机构独立开展质量评价。推进实施住宅工程质量信息公示制度,充分发挥社会监督约束作用。推动建设工程消防技术服务市场化,规范技术服务行为。

5.强化勘察设计质量管理

健全完善勘察设计质量管理制度,修订勘察质量管理办法,制定设计质量管理办法。强化施工图审查作用,全面推广数字化审查,探索推进BIM审查和人工智能审查。推动建立勘察设计质量监管信息系统,加强勘察设计质量全过程信息化监管,加大对违反法律法规和工程建设强制性标准问题的查处力度,建立施工图审查关键信息公开制度。加强和改进消防设计审查管理,探索推进技术审查与行政审批分离,推动消防设计技术审查第三方服务发展。推动将消防设计技术审查和施工图审查同步开展,提高审查质量和效率。

6.优化工程竣工验收制度

完善住宅分户验收制度,鼓励购房者参与分户验收,按户留存影像资料,作为住宅交付档案。细化《住宅质量保证书》《住宅使用说明书》,制定发布示范文本,明确"两书"规范格式和基本内容。试行建设单位按套出具住宅质量合格证明文件。规范消防验收管理,推动消防验收纳入竣工联合验收,统一出具验收意见。

7.推进工程质量安全管理标准化和信息化

全面推行工程质量安全手册制度,加快健全手册体系,完善建筑施工企业和工程项目安全生产标准化考评制度。研究制定装配式建筑质量安全管理制度,运用信息化手段,实现部品部件生产质量可追溯管理,加强竖向节点连接等施工关键环节质量安全管控。深化施工安全领域"证照分离"改革，推进涉企、涉人证照电子化，实现建筑施工特种作业操作资格证书信息联网和一站式查询。制定建筑工程材料、工艺、设备鼓励应用和限制淘汰名录，推广安全先进适用的建造技术，限制淘汰落后工艺。

专栏8　智慧城市轨道交通工程建设

2025年，城市轨道交通工程质量安全责任体系、风险防控体系更加健全，标准化、信息化、智能化水平明显提升。

1.推进智慧工地建设。强化建设单位质量安全首要责任，完善多阶段验收管理对策措施。推进城市轨道交通工程质量安全管理信息平台建设运用，提高风险隐患智能管控能力。

2.提升第三方监测智慧化水平。完善第三方监测数据采集技术手段，推进施工现场风险动态监测、自动分析和智能预警。

3.完善风险防控技术措施。对全国城市轨道交通建设工程相关的基坑、隧道坍塌事故典型案例和盾构施工风险防控等进行调查研究，完善关键技术措施，强化重大风险管控。

（六）稳步提升工程抗震防灾能力

1.健全工程抗震防灾制度和标准体系

落实《建设工程抗震管理条例》有关规定，全面梳理现行制度体系，加快制修订配套规章制度。不断完善工程抗震防灾技术标准体系，加大标准前期研究力度，加快制定工程抗震鉴定和加固标准，制修订工程减震隔震等抗震新技术应用标准，为提升工程抗震防灾水平提供支撑。

2.严格建设工程抗震设防监管

加强建设工程抗震标准实施监督和抗震设防质量监管，建立重点地区重大建设工程抗震设防专篇编制制度，完善超限高层建筑工程抗震设防审批、市政工程抗震设防专项论证制度。全面落实位于高烈度设防地区、地震重点监视防御区建筑抗震设防要求，保障新建学校、幼儿园、医院、养老机构、儿童福利机构、应急指挥中心、应急避难场所、广播电视等建筑满足设防地震下正常使用要求。落实工程抗震责任企业及从业人员信用记录制度,加大信用信息公开力度。

3.推动工程抗震防灾产业和技术发展

推动工程抗震防灾产业发展,支持新型经济快速抗震加固、新型减隔震、结构主被动一体化等技术成果转化。建立隔震减震装置质量信息全过程追溯管理机制,探索隔震减震装置质量信息公示制度,发挥社会监督约束作用,保障产业健康发展。加强抗震防灾基础理论和应用研究,逐步实现工程抗震计算软件和大型设备等关键核心技术基本自主可控。

4.提升抗震防灾管理水平和工程抗震能力

全面完成第一次全国自然灾害综合风险普查房屋建筑和市政设施调查,建立全国统一的房屋建筑和市政基础设施工程抗震防灾基础数据库,利用信息化手段提高工程抗震防灾管理的现代化水平,为城市信息模型(CIM)平台建设和工程建设数字化监管提供基础数据。加强房屋建筑和市政基础设施抗震性能鉴定工作,推进实施地震易发区房屋设施加固工程,提升既有建筑抗震能力。

(七)加快建筑业"走出去"步伐

1.推进工程建设标准国际化

加强与有关国际标准化组织的交流合作,参与国际标准化战略、政策和规则制定。主动参与国际标准编制和管理工作,积极主导国际标准制定。加快我国工程建设标准外文版编译,鼓励重要标准制修订同步翻译。加强与"一带一路"沿线国家及地区的多边双边工程建设标准交流与合作,推动我国标准转化为国际或区域标准。加强我国标准在援外工程、"一带一路"建设工程中的推广应用。

2.提高企业对外承包能力

鼓励我国建筑企业、工程设计等咨询服务企业参与共建"一带一路",积极开展国际工程承包和劳务合作。支持企业开展工程总承包和全过程工程咨询业务,推动对外承包业务向项目融资、设计咨询、运营维护管理等高附加值领域拓展,逐步提高我国企业在国际市场上的话语权和竞争力。加强对外承包工程监督管理,规范企业海外经营行为。

3. 加强国际交流与合作

加快推动与"一带一路"沿线国家及地区签订双边工程建设合作备忘录，加强政府主管部门沟通协调和信息共享，共同推动建筑企业"走出去"。推进注册建筑师等工程建设领域执业资格国际互认，拓展青年人才交流合作渠道，加快培养熟悉国际规则的复合型人才。

四、保障措施

（一）强化规划实施

各地要加大统筹、协调支持力度，建立协同推进机制，明确任务分工，加强动态跟踪，确保规划各项目标任务落到实处。鼓励行业协会积极向政府部门反馈规划实施情况和政策建议，发挥好行业自律作用，提升服务行业和企业的能力。

（二）开展评估考核

加强对规划实施情况的统计监测和绩效评估，根据任务进展情况、阶段目标完成情况、技术发展新动向等对规划进行动态调整。完善监督考核机制，对规划实施效果显著的地区予以通报表扬，督促规划组织实施不到位的地区加大工作力度。

（三）加强宣传引导

各地要及时总结可复制可推广的实践经验，广泛宣传规划实施的新进展和新成效，调动社会各界支持建筑业高质量发展的积极性，营造良好的发展环境。

《"十四五"国家信息化规划》专家谈:加快构建泛在智联的数字基础设施 推动网络强国和数字中国建设

数字基础设施是新型基础设施的核心内容,涵盖了以5G、物联网、大数据、人工智能、卫星互联网等为代表的新一代信息技术演化生成的信息基础设施,以及应用新一代信息技术对传统基础设施进行数字化、智能化改造形成的融合基础设施,将为经济社会数字化转型和供给侧结构性改革提供关键支撑和创新动能。近日,中央网络安全和信息化委员会发布《"十四五"国家信息化规划》(以下简称《规划》),提出建设泛在智联的数字基础设施体系,全方位推动基础设施能力提升。

一、数字基础设施战略地位与基础作用日益凸显

当前,全球范围内以新一代信息技术为代表的科技革命正加速演进,带动数字基础设施加快发展。数字基础设施是建设网络强国、数字中国的先决条件,也是推动经济社会高质量发展的关键支撑,数字基础设施的建设水平,正成为衡量国家核心竞争力的重要标志。

(一)数字基础设施成为各国数字化发展的战略焦点

当前,全球新一轮科技革命和产业变革加速推进,后疫情时代数字基础设施战略地位日益凸显。美国发布万亿级"重建更美好未来"基础设施计划,制定促进5G和人工智能等未来关键基础设施发展的系列政策。同时,美国信息技术与创新基金会指出,美国基础设施重建计划需要重点考虑"21世纪的数字基础设施",力图巩固并延续新时期全球互联网和海底光缆网络中心地位。2021年欧盟委员会发布《2030数字罗盘:欧盟数字十年战略》,

提出高速、可靠和强大的数字基础设施成为数字化关键基石，到2030年将实现可持续的下一代固定、移动和卫星等千兆连接，并通过部署高性能计算能力和综合的数据基础设施，加速促进安全、高性能且可持续的数字基础设施建设与全民利用。

（二）数字基础设施赋能经济高质量发展

数字基础设施作为战略性公共基础设施和"信息大动脉"，适度超前建设对稳投资、促升级和培育新动能具有巨大的推进作用。根据中国信通院测算，预计2025年我国5G网络建设累计投资将达到1.2万亿元，工业企业开展网络化改造投资规模有望达到5000亿元。数字基础设施和各行各业融合程度加深，促进工业制造、农业和服务业技术改造和设备更新，并带动水、电、气等城市公共服务基础设施转型升级。数字基础设施建设直接带动5G和人工智能等新一代信息技术产业创新发展，并为新时期的数字供应链、创新链和产业链建设提供更有效的服务供给，赋能数字产业化和产业数字化协同转型，培育数字经济发展新动能。

（三）数字基础设施支撑高品质生活需求

疫情冲击大考和在线服务爆发式增长背后，离不开5G、物联网、数据中心等数字基础设施支撑作用。"十四五"时期，我国社会主要矛盾已经转化为人民日益增长的美好生活需要和不平衡不充分发展之间的矛盾，新时代人民群众对美好生活向往催生发展数字化服务新需求。更高效率、更高质量的数字基础设施能够更充分地满足数字民生服务的普惠化、便捷化、智能化、多元化、协同化需求。通过泛在智联的数字基础设施能够更妥善解决欠发达地区网络接入设施的"数字鸿沟"，部署各类"信息无障碍"的公共服务平台和新型智能终端设施，以更普惠包容、智能便捷的数字化连接，提升公共卫生、健康、教育、养老、就业、社保等基本民生保障水平，创造精准高效、普惠包容的数字生活新图景。

（四）数字基础设施支撑城市高效能治理

联合国《2030年可持续发展议程》提出"可持续城市和社区"。《中华人民共和国国民经济和社会发展第十四个五年规划和2035年远景目标纲要》提出"探索建设数字孪生城市""实施城市更新行动"。多省市和多部委正加快推进布局数字孪生城市相关基础设施和行业应用,通过建设城市CIM平台设施,加快交通、能源、市政等城市基础设施数字化改造,实现更智能、完整、实时的城市要素三维可视化表达,有效提升城市"视觉、听觉、嗅觉、触觉"。以"一网统管"的城市运营中心、城市大脑和末端神经感知设施,有效推动城市治理全局统筹、协同治理和末端增智,加快形成与疫情防控、灾难预警、应急管理等城市安全要素紧密结合的韧性城市。

二、加快建设数字基础设施助力数字中国发展

数字基础设施伴随新一代信息技术发展不断演进扩展,包括了具有不同功能、处于不同发展阶段的多种设施。"十四五"时期推动数字基础设施高质量发展,应坚持高效实用、智能绿色、安全可靠的建设理念,科学把握不同设施的内在特点和演进规律,选择适合的发展路径和建设模式,打造系统完备的数字基础设施体系。《规划》在网络连接设施、新型感知基础设施、新型算力设施、前沿信息基础设施等领域作出重要部署,加快推进数字基础设施建设。

(一)推进"新网络"部署,建设泛在智能的网络连接设施

网络连接设施是我国经济社会发展的战略性公共基础设施。"宽带中国"战略实施以来,我国已构建起高速畅通、覆盖城乡、质优价廉、服务便捷的宽带网络,为老百姓提供了用得上、用得起、用得好的信息服务。进入"十四五"时期,顺应经济社会数字化发展新需求,需要进一步增强网络供给和服务能力,为用户提供更高速、更高质、更可靠、更广泛、更智能的信息连接。在设施升级方面,要加快推动移动通信网络向5G升级,开展"千兆城市"建设,加快推进IPv6规模部署,促进下一代互联网平滑演进升级。在互联网架构优化方面,要适应数据流量增长和流向变化趋势,推动国家互联网骨干直联点结构优化和国家新型互联网交换中心建设。在前瞻性研究方面,要加强新型网络基础架构和6G研究,加快与5G/6G融合的卫

星通信技术、太赫兹无线通信技术等关键技术的研究与原理验证。

(二)加快"新感知"推广,建设物联数通的新型感知基础设施

感知基础设施通过感知技术和网络通信技术的融合应用,实现人、机、物的全面感知和泛在连接,是传统公共基础设施数字化、智能化升级的基础。打造固移融合、宽窄结合、安全可信的新型感知设施,增强公共安全、交通、城管、民生、生态环保、农业、水利、能源等领域公共基础设施的信息采集、传输和处理能力,有利于提升公共设施运营效能水平,赋能传统产业转型升级。新型感知基础设施的发展涉及多个领域、多种设施、多方主体,建设规模小、零散化,成为制约发展的重要因素。重点在工业、能源、交通等领域统筹推进感知设施建设和应用创新示范;制定跨部门、跨厂商、跨行业的统一平台规范,防止新型感知基础设施碎片化发展;健全部门间统筹协调机制,提升感知基础设施的资源共享和综合利用水平;强化区域协同,建设物联、数联、智联的新型城域物联专网。

(三)强化"新算力"支撑,构建云网融合的新型算力设施

数字化时代数据算力和算法成为关键资源算力设施是释放数据要素价值的关键基础设施成为数字经济发展的新数字化时代,数据、算力和算法成为关键资源,算力设施是释放数据要素价值的关键基础设施,成为数字经济发展的新引擎。新一代信息技术的高速发展,推动数据的爆炸式增长和算法复杂度的不断提高,对算力规模、算力能力的需求相应快速提升。要实施全国一体化大数据中心体系建设工程,优化数据中心建设布局,完善一体化算力服务,夯实一体协同的安全保障体系,推动数据中心集约化、规模化、绿色化发展;统筹部署医疗、教育、广电、科研等公共服务和重要领域云数据中心,促进算力普及应用;推动云边协同、边网协同、算网融合发展,满足数据泛在分布和多场景运算需求;加强国家超级计算设施体系统筹布局,大力推进超算商业化实现高质量发展。

(四)加强"新技术"引领,探索建设前沿信息基础设施

以卫星通信网络、区块链、量子通信等为代表的前沿信息基础设施,

是实现高速泛在、天地一体、安全高效的数字基础设施的重要组成部分，代表着数字基础设施的探索方向。前沿信息基础设施由原创性引领技术牵引，可能形成具有引领性、带动性的战略性产品和战略性产业。世界主要发达国家均依托新技术，探索发展更多基础设施形态，面向未来构筑数字化发展新优势。要部署推进空天地海立体化网络建设和应用示范工程，通过打造空天信息网枢纽，开展空间信息综合应用示范、地表低空感知网络工程示范、智能交通应用示范，推动北斗产业高质量发展；探索区块链、量子通信等基础设施建设，提升数字基础设施安全可信水平。

三、健全数字基础设施可持续发展协同推进生态

数字基础设施是涉及跨层级、跨地域、跨系统、跨部门、跨业务的系统性建设工程，需要各级政府和社会力量的共同参与，建立健全数字基础设施的规划、建设、管理、技术和应用等全价值链和全生命周期的可持续发展生态。

（一）加强规划统筹

数字基础设施涉及的地域范围广、行业类型多，需要加强以工业互联网、智能计算中心为代表的新型数字基础设施全国布局的顶层设计和统筹规划，强化区域、城乡、部门、行业的衔接和协同，健全宏观管理部门和各行业主管部门共同参与的跨部门、跨行业协调机制，使数字基础设施适应区域发展特点和经济社会发展需要，防止数字基础设施供给过热、低水平重复建设、碎片化发展。

（二）加强建设管理

数字基础设施涉及管理部门众多，需要凝聚共识，制定推动数字基础设施建设和管理的政策文件，将数字基础设施建设纳入国土空间规划，出台电价、税收、土地出让等优惠政策，推动公共场所免费开放，强化用地、用电供应保障，加强设施保护。建立健全安全评估评测机制、可靠性保障机制，在工业互联网等新型数字基础设施建设中同步规划、建设、运行网

络安全保护系统，把安全发展贯穿于数字基础设施建设全过程。

(三) 激发市场活力

新型数字基础设施技术创新性强，投资回报存在不确定性。为充分激发市场和民间的投资活力，要营造良好市场环境，通过深化体制机制改革、降低市场准入门槛、明确监管规则等措施，吸引更多社会企业参与数字基础设施建设和应用发展；此外，要丰富资金投入渠道，发挥财政资金、基金引导作用，充分依托信贷支持专项计划和基础设施REITs试点，鼓励和引导社会资本加大数字"新基建"投入力度，形成多元主体共同参与、合作共赢的新局面。

(四) 创新应用场景

数字基础设施建设投资巨大，初期需重点聚焦基础较好、应用较广、成效较快的应用场景和工程建设，实施物联网新型基础设施、5G应用扬帆和IPv6流量提升专项行动，带动物联网、5G、IPv6等新型基础设施建设，围绕智能制造、社会治理、互联网医疗、在线教育、数字生活服务、智慧养老服务等行业，以需求和问题为导向，编制发布数字基础设施应用场景建设需求清单，组织创新应用大赛等活动，运用"揭榜挂帅"市场化机制遴选优秀解决方案。

(五) 优化技术支撑

加快构建自主可控、安全可靠的数字基础设施是提升国家核心竞争力的必然选择，进一步提升数字基础设施技术支撑能力，需加快数字基础设施核心技术和应用技术协同攻关，加大5G增强技术和6G技术研发支持力度。同时需要加强数字基础设施领域知识产权保护，加快基础共性标准和关键技术标准制定，推进数字基础设施能耗管理标准体系建设，促进先进节能低碳技术应用推广、设施互联互通和共享复用。（作者：中国信息通信研究院　余晓晖）

《"十四五"住房和城乡建设科技发展规划》

为促进住房和城乡建设领域科技发展，依据《中华人民共和国国民经济和社会发展第十四个五年规划和2035年远景目标纲要》《中共中央办公厅 国务院办公厅关于推动城乡建设绿色发展的意见》和国家科技创新相关规划，制定本规划。

一、形势需求

（一）发展基础

"十三五"时期，住房和城乡建设系统深入实施创新驱动发展战略，扎实推进《住房和城乡建设科技创新"十三五"专项规划》实施，科技创新取得显著成效，有力推动了住房和城乡建设事业健康发展。

科技水平持续提升。绿色建筑和建筑节能技术实现国际并跑，超低能耗建筑和装配式建筑技术及产品取得突破。工程建造技术达到国际先进水平，大型工程装备实现国产化，建筑信息模型（BIM）技术在工程设计、生产和施工领域得到推广应用。自主研发的水处理关键核心产品和设备打破国外长期垄断。

科技支撑引领作用显著增强。人居环境科学理论和绿色技术持续创新，促进城市生态环境和居住品质明显改善。装配式建造和绿色施工技术实现规模化推广，推动建筑业转型升级。"水体污染控制与治理"国家科技重大专项实施成效显著，为海绵城市建设、黑臭水体治理、饮用水安全保障等提供了有力支撑。高分辨率遥感、大数据、物联网等数字技术在城市规划建设管理领域实现融合应用，城市精细化管理水平显著提升。

科技创新资源不断优化。建立部省联动的科研组织管理机制，政产学研用协同创新取得新进展。组建住房和城乡建设部科学技术委员会及23个专业委员会，汇聚一批高层次创新人才。国际科技合作稳步推进，"一带一路"科技创新合作成效明显，中国工程建设标准国际化深入推进。

"十三五"时期，住房和城乡建设科技发展取得显著成绩，但在原创性研发能力、创新团队建设、科技人才储备、科技成果转化和产业化等方面仍存在不足，还不适应住房和城乡建设事业高质量发展要求，需进一步完善科技创新体系，加强创新能力建设。

（二）发展趋势

"十四五"时期是立足新发展阶段，贯彻新发展理念，构建新发展格局，推动住房和城乡建设事业高质量发展的关键时期，亟须进一步强化科技创新支撑引领作用。

发展绿色低碳技术是落实城乡建设领域碳达峰碳中和目标任务的重要途径。加快推进城乡建设绿色发展，迫切需要加强科技攻关，研发和推广绿色环保、节能减排、资源循环、安全韧性等技术，提升城乡建设绿色低碳发展质量，推动形成绿色生产方式和生活方式。

发展数字化、智能化技术是推动城市治理体系和治理能力现代化的重要支撑。进一步提升城市精细化管理水平，加强城市治理方式创新，迫切需要推进5G、大数据、云计算、人工智能等新一代信息技术与住房和城乡建设领域的深度融合，加快推进基于数字化、网络化、智能化的新型城市基础设施建设，促进城市高质量发展。

发展工业化、产业化技术是推进建筑业供给侧结构性改革的重要手段。加快推进建筑业转型升级，解决建造方式粗放、劳动生产率不高、建筑工人短缺等突出问题，迫切需要加快推动智能建造与新型建筑工业化协同发展，大力发展数字设计、智能生产、智能施工和智慧运维，促进中国建造从价值链中低端向中高端迈进。

二、总体要求

（一）指导思想

坚持以习近平新时代中国特色社会主义思想为指导，全面贯彻党的十九大和十九届历次全会精神，立足新发展阶段，完整、准确、全面贯彻新发展理念，构建新发展格局，深入实施创新驱动发展战略，落实碳达峰碳中和目标任务，以满足人民日益增长的美好生活需要为根本目的，以支撑城市更新行动、乡村建设行动为主线，持续提升科技创新能力，强化科技创新战略支撑作用，推动住房和城乡建设事业高质量发展。

（二）基本原则

目标导向，需求牵引。聚焦住房和城乡建设发展目标、突出问题和急迫需要，加强科技创新前瞻性谋划和系统性布局。

以人为本，创新引领。围绕建设"宜居、宜业、宜乐、宜游"的高品质人居环境，强化科技创新引领，提升人民群众获得感、幸福感和安全感。

重点突破，系统推进。突破城乡建设绿色低碳发展和建筑业转型升级的技术瓶颈，推进科研开发、成果转化、产业培育、人才培养协同发展。

整合资源，开放融合。统筹优化科技创新资源，加强政产学研用深度融合，推动跨区域、跨行业、跨领域协同创新，加强国际合作与交流。

（三）发展目标

到2025年，住房和城乡建设领域科技创新能力大幅提升，科技创新体系进一步完善，科技对推动城乡建设绿色发展、实现碳达峰目标任务、建筑业转型升级的支撑带动作用显著增强。

关键技术和重大装备取得突破。突破一批绿色低碳、人居环境品质提升、防灾减灾、城市信息模型（CIM）平台等关键核心技术及装备，形成一批先进适用的工程技术体系，建成一批科技示范工程。

科技力量大幅增强。布局一批工程技术创新中心和重点实验室，支持组建高水平创新联合体，培育一批高水平创新团队和科技领军人才，建设一批科普基地。

科技创新体系化水平显著提高。住房和城乡建设重点领域技术体系、装备体系和标准体系进一步完善，部省联动、智库助力的科技协同创新机制更加健全，科技成果转化取得实效，国际科技合作迈上新台阶，科技创新生态明显优化。

三、重点任务

围绕建设宜居、创新、智慧、绿色、人文、韧性城市和美丽宜居乡村的重大需求，聚焦"十四五"时期住房和城乡建设重点任务，在城乡建设绿色低碳技术研究、城乡历史文化保护传承利用技术创新、城市人居环境品质提升技术、城市基础设施数字化网络化智能化技术应用、城市防灾减灾技术集成、住宅品质提升技术研究、建筑业信息技术应用基础研究、智能建造与新型建筑工业化技术创新、县城和乡村建设适用技术研究等9个方面，加强科技创新方向引导和战略性、储备性研发布局，突破关键核心技术、强化集成应用、促进科技成果转化。

（一）城乡建设绿色低碳技术研究

以支撑城乡建设绿色发展和碳达峰碳中和为目标，聚焦能源系统优化、市政基础设施低碳运行、零碳建筑及零碳社区、城市生态空间增汇减碳等重点领域，从城市、县城、乡村、社区、建筑等不同尺度、不同层次加强绿色低碳技术研发，形成绿色、低碳、循环的城乡发展方式和建设模式。

> **专栏1　城乡建设绿色低碳技术重点任务**
>
> 1.城乡绿色低碳发展理论与测评方法。研究城乡绿色低碳发展理论与实施路径，研究城乡碳排放监测、统计和核算方法，构建城市、街区和建筑等不同层次的低碳城市指标体系，开发情景预测仿真模型与工具。
>
> 2.城市低碳能源系统技术。研究基于建筑用户负荷精准预测与多

能互补的区域建筑能效提升技术，开展高效智能光伏建筑一体化利用、"光储直柔"新型建筑电力系统建设、建筑-城市-电网能源交互技术研究与应用，发展城市风电、地热、低品位余热等清洁能源建筑高效利用技术。

3.县域绿色低碳建设技术。开展县城、农村绿色建筑与建筑节能技术、绿色节约型基础设施建设技术研究与应用，研发县域低碳能源产、供、储、用适宜技术。

4.市政基础设施低碳运行技术。开展城乡供水、排水、燃气、热力、环卫、交通、园林绿化等基础设施建设运维全过程碳减排的基础理论、应用基础、技术路径、关键技术、设备产品研究，构建市政基础设施绿色低碳技术体系与标准体系。

5.零碳建筑和零碳社区技术。研究零碳建筑、零碳社区技术体系及关键技术，开展高效自然通风、混合通风、自然采光、智能可调节围护结构关键技术与控制方法研究，研究零碳建筑环境与能耗后评估技术，开发零碳社区及城市能源系统优化分析工具。

6.城市生态空间增汇减碳技术。开展城市绿地、湿地碳源碳汇机理研究，研发城市蓝绿空间固碳、控碳材料筛选及应用关键技术，研究蓝绿协同的城市开放空间增汇减碳技术和材料。

7.绿色建造技术。开展全过程绿色低碳建造关键技术、建筑全寿命期垃圾减量化和资源化利用关键技术、城市低影响开发设计施工关键技术、绿色建造前策划后评估技术、建造过程排放控制关键技术等研究与应用。

8.绿色低碳建材。构建适应高品质绿色建筑发展的新型绿色建材与产业化技术体系，研发高性能主体结构和围护结构材料、防水密封、装饰装修和隔声降噪材料、相变储能材料。

9.适宜性外墙保温材料。构建绿色低碳外墙保温综合评价体系，研发适宜不同气候区的外墙保温产品和技术，研究保温结构装饰一体化外墙板技术及产品，开发高性能外墙保温体系的检测及评价方法。

(二)城乡历史文化保护传承利用技术创新

以构建多级多要素的城乡历史文化保护传承体系为目标,加强历史文脉传承中的关键技术研发和创新,研究历史城区、历史文化街区、历史地段和历史建筑动态预警、防灾减灾及保护修缮技术,研究城乡历史文化资源数据采集与可视化展示技术,搭建城乡历史文化遗产保护监管平台。

专栏2 城乡历史文化保护传承利用技术重点任务

1. 城乡历史文化遗产的修复修缮及防灾减灾技术。研究历史建筑的建造修复材料、传统工艺工法、结构安全检测技术,研究历史文化名城名镇名村、历史文化街区、历史建筑的动态监测、安全评估和智慧消防技术。

2. 历史城区整体性保护与管理技术。研究历史城区格局、风貌保护传承关键技术,提出历史城区的整体性保护方法,制定管理技术导则。

3. 保护体系传承与历史文脉延续展示技术。研究城乡历史文脉的识别、织补与多维展示技术,开展已破坏文化遗产的虚拟建模和修复模拟技术及装备研发。

4. 历史文化名城名镇名村数字博物馆平台。利用大数据、倾斜摄影、三维激光扫描等技术,研究构建历史文化名城名镇名村数字博物馆平台。

5. 名城名镇名村保护监管技术。针对名城、名镇、名村、街区、历史建筑、历史地段等法定保护对象,研究基于高分辨率卫星影像的动态监测技术和体检评估标准,研究构建保护监管平台和技术体系。

(三)城市人居环境品质提升技术集成

以促进城市空间结构优化和人居环境品质提升为目标,研究城市更新基础理论与技术方法、城市体检评估技术、城市生态基础设施体系构建技术,开展城市地下空间高效开发、综合防疫技术集成、城市群和区域空间布局优化技术研究,提高城市综合承载力。

专栏3 城市人居环境品质提升技术重点任务

1. 城市更新基础理论与技术方法。研究城市更新趋势、理论和方法，研究城市更新政策体系、技术体系与标准体系及城市更新类型谱系划分技术和规划设计方法。

2. 城市体检评估技术体系。研究城市体检数据采集、综合评价和监测预警技术，研发国家、省、市三级城市体检评估信息平台，研究面向城市更新改造的专项体检评估技术。

3. 城镇老旧小区功能提升技术。研究老旧小区改造规划设计技术方法、地下管网改造与修复技术、停车设施提升改造技术，研究老旧小区改造中的存量空间再利用模式及运营维护长效机制。

4. 老旧厂区更新改造技术。研究适应老旧厂区功能调整需要的道路交通、基础设施、公共配套、景观环境等改造技术体系，研发老旧厂房转化为民用功能的建筑物、构筑物改造利用技术，以及消防设备、材料和技术。

5. 城市地下空间高效开发综合技术。研究城市地下空间智慧停车技术、智能机器人巡检技术，存量建设地区地下空间综合开发与高效利用和智能运维技术。

6. 城市生态基础设施体系构建。研究城市生态网络修复与城市生态基础设施体系建设关键技术、城市生态修复再生技术体系，以及城市公共服务设施、公共空间、基础设施防疫功能提升技术，研究城市绿地更新与品质提升体系化集成技术。

7. 城市水环境改善与修复技术。研究融合排水防涝与景观生态的城市水系重构、城市降雨溢流污染控制、再生水回补城市河湖水系水质保持、城市河湖底泥生态清淤、水生态重构及生物多样性恢复技术和装备。

8. 城市群和区域空间布局优化技术。研究适应不同类型城市群发展的空间结构、城镇体系和生产力布局优化技术，研究区域生态安全格局构建技术、城市群和区域开发过程中生物多样性保护技术、区域游憩网络建设技术、城市群和区域魅力空间体系规划建设方法。

（四）城市基础设施数字化网络化智能化技术应用

以建立绿色智能、安全可靠的新型城市基础设施为目标，推动5G、大数据、云计算、人工智能等新一代信息技术在城市建设运行管理中的应用，开展基于城市信息模型（CIM）平台的智能化市政基础设施建设和改造、智慧城市与智能网联汽车协同发展、智慧社区、城市运行管理服务平台建设等关键技术和装备研究。

专栏4　城市基础设施数字化网络化智能化技术重点任务

1. CIM平台。研究CIM构建理论、方法及标准体系，研究城市基础设施数据资源体系与要素编码及CIM多源异构数据治理、存储、调用、共享等技术，研究CIM基础平台图形引擎、城市空间仿真模拟与智能化技术，CIM典型业务场景应用范式与平台建设评估方法，以及国家、省、市CIM平台互联互通方法、技术和保障措施。

2. 智能化市政基础设施建设和改造。研究基于CIM的市政基础设施智能化管理平台构建技术。研发城镇供水、排水管网病害识别技术，管网运行健康评估技术及产品，黑臭水体监测评估与修复治理技术，城市燃气高效利用与节能减排关键技术，高效热泵供热技术和可再生能源供热技术，综合交通枢纽高效便捷换乘技术，市政基础设施安全运行监测监管、大数据分析和模拟仿真技术。

3. 智慧城市与智能网联汽车协同发展。研究支持车路协同运行的城市道路、建筑、公共设施融合感知体系，研发耦合时空信息的城市动态感知车城网平台，开发智能网联汽车在公交、旅游、特种作业、物流运输等多场景应用技术及装备。

4. 城市运行管理服务平台。研究"城市运行管理一网统管"目标下，5G、大数据、云计算、人工智能等新一代信息技术在市容市貌、公共空间秩序、基础设施运行监测等领域的应用技术，研究支撑国家、省、城市三级平台互联互通、数据同步、业务协同的体系构建技术。

5. 完整居住社区智慧运维。研究完整社区典型场景的智能感知、服务决策、监测预警及医疗救治等关键技术及装备，开发社区全过程运维服务平台及装备，研究智慧社区平台与城市政务服务一体化平台对接技术。

（五）城市防灾减灾技术集成

以提高城市应对风险能力为目标，研究韧性城市建设理论与方法，研究建筑和市政基础设施韧性提升、城市内涝治理、施工安全等关键技术，研发超高层建筑运行风险监测、探测识别与防控预警技术和装备，构建全过程、多灾种、多尺度城市风险综合防控技术体系，建设韧性城市。

专栏5　城市防灾减灾技术集成重点任务

1.韧性城市设计与管控关键技术。研究韧性城市设计及评价技术体系，研究多尺度城市空间风险防控与全过程适应机制和调控方法、公共设施平灾转换技术、既有建筑安全韧性提升技术、市政公用设施韧性体系构建关键技术与装备。

2.城市内涝系统化治理技术。突破内涝风险诊断识别与风险防控关键技术，构建城市内涝防治系统化解决方案，研究城市洪涝协同管控关键技术与设备，实现内涝问题诊断-风险防控-系统化防治-可持续维护全过程的精细化智慧化管控。

3.超高层建筑风险防范技术。研究超高层建筑风险排查、监测、预警、管控及损伤识别、评估等关键技术，研究城市超高层建筑防灾应急机制与火灾防控技术。

4.城市地下风险防控技术。研发基于数字孪生技术的城市地下空间灾害仿真模拟、预警、协同管控技术，提高地下空间开发与利用的安全水平。

5.抗震防灾关键技术。研究建筑抗震设防水平从宏观定性向风险量化转变的技术理论和应用技术、减隔震建筑抗震设防目标多水准设计和韧性性能设计技术、恢复建筑震后功能的装配式加固体系和设计方法。

6. 施工安全关键技术。研究地铁施工与环境相互作用机理、地铁暗挖及地下管廊工程施工安全技术，研究危大工程施工安全风险评估与事故预防关键技术，研究替代人工挖孔桩工艺的关键技术，提高施工风险应对能力。

（六）住宅品质提升技术研究

以提高住宅质量和性能为导向，研究住宅结构、装修与设备设施一体化设计方法、适老化适幼化设计技术与产品，开展住宅功能空间优化技术、环境品质提升技术、耐久性提升技术研究与应用示范，形成相关评价技术和方法。

专栏6　住宅品质提升技术重点任务

1. 住宅功能空间优化设计技术。针对家庭人口结构多样、生活方式多元、气候条件不同、后疫情时代住宅健康要求等因素，研究户型设计新方法和各专业协同的一体化设计流程和方法，研究设备管线与主体结构相分离的集成技术，优化功能空间。

2. 住宅环境品质提升技术。研究住宅小区景观系统、道路系统、标识系统、无障碍系统及其他配套设施的精细化规划设计技术，研究建筑隔音降噪技术和室内环境污染风险管控技术，研发健康环保的装修材料和部品部件。

3. 住宅耐久性技术。基于建筑全生命周期管理理念，研究提高建筑耐久性能的新材料、技术体系和标准体系，研发提高住宅结构、装修、设备、外墙、门窗、防水等耐久性能的技术和产品，研究与建筑结构同寿命的墙体保温隔热技术和产品。

4. 住宅适老及适幼设计与设施。针对老年人和儿童身体机能、行动特点、心理特征等，研究适老化和适幼化的居住建筑空间、室内装修与设备设施、室内环境、部品集成等技术，研究社区公共设施、公共空间的适老化和适幼化设计技术与产品。

5.既有住宅品质提升技术。研究不同场景低碳装修改造设计技术，研发既有住宅功能提升与改造技术及产品，构建新型低碳、绿色、环保的装配化装修成套技术体系。

6.住宅品质评价技术。研究高品质住宅的建设要求、全过程质量管控技术和方法、全生命周期的质量检测技术与产品，形成高品质住宅评价技术与标准。

7.数字家庭智能化服务技术体系。开发数字家庭系统关键技术、应用标准和平台，开展基于云服务和大数据的智慧社区与数字家庭示范应用。

（七）建筑业信息技术应用基础研究

以支撑建筑业数字化转型发展为目标，研究BIM与新一代信息技术融合应用的理论、方法和支撑体系，研究工程项目数据资源标准体系和建设项目智能化审查、审批关键技术，研发自主可控的BIM图形平台、建模软件和应用软件，开发工程项目全生命周期数字化管理平台。

专栏7　建筑业信息技术应用基础研究重点任务

1.BIM与新一代信息技术融合应用的理论、方法和支撑体系。研究5G、大数据、云计算、人工智能等新一代信息技术与工程建设全产业链BIM应用融合的理论、方法和支撑体系，以及多技术融合发展战略和实施路径。

2.工程项目数据资源标准体系。结合BIM与多源异构数据的管理，建立项目数据资源标准体系，完善BIM基础数据标准和BIM数据应用标准，开展工程建设规范和标准性能指标数字化研究。

3.自主可控的BIM图形平台、建模软件和应用软件。研发高性能三维图形几何造型和渲染等核心引擎，搭建自主可控的BIM三维图形平台，开发BIM建模软件及设计、施工和运维应用软件。

4. 工程项目全生命周期数字化管理平台。研究基于BIM的跨建设阶段管理流程和数据融合标准，研发贯通工程建设全过程的数字化管理平台，推进BIM技术在勘察、设计、制造、施工、运维全生命周期的集成与深入应用。

5. 基于BIM的工程项目智能化监管关键技术。研究工程质量安全等智能化监管算法、标准和数字化技术、人工智能辅助审查技术，支撑工程建设项目报建审批、设计审查、工程质量安全检查，实现以远程监管、移动监管、预警防控为特征的数字化监管。

（八）智能建造与新型建筑工业化技术创新

以推动建筑业供给侧结构性改革为导向，开展智能建造与新型建筑工业化政策体系、技术体系和标准体系研究。研究数字化设计、部品部件柔性智能生产、智能施工和建筑机器人关键技术，研究建立建筑产业互联网平台，促进建筑业转型升级。

专栏8　智能建造与新型建筑工业化技术重点任务

1. 装配式建筑技术。研究装配式混凝土结构、钢结构、木结构的高度集成与高效装配的技术和建造体系；研究装配式建筑标准化集成化部品部件，建立部品部件库；研究钢结构住宅建筑设计理论、方法和关键技术；研究装配式建筑减碳路径及效果。

2. 数字设计技术。基于BIM技术开展设计产品数据标准、构件库标准研究，构建设计资源知识库，研发多方协同设计平台及模型质量合规性检查软件。

3. 智能施工技术与装备。研发与精益建造相适应的部品部件现代工艺制造、智能控制和优化、新型传感感知、工程质量检测监测、数据采集与分析、故障诊断与维护等关键技术，研发建筑施工智能设备设施和智慧工地集成应用系统。

4.建筑机器人和3D打印技术。研究建筑机器人智能交互、感知、通信、空间定位等关键技术，研发自主可控的施工机器人系统平台，突破高空作业机器人关键技术，研究建立机器人生产、安装等技术和标准体系。研发性能可靠、成本可控的建筑用3D打印材料与应用技术。

5.建筑产业互联网平台。研究建筑产业互联网平台构建理论和方法，研究工程建造全流程数字化和模型化技术，研究建筑全产业链数据分析及数据挖掘技术，建立全产业链、全要素数据一体化的建筑产业互联网平台。

（九）县城和乡村建设适用技术研究

围绕县域高质量发展，服务乡村振兴战略，构建以县城、小城镇和乡村为主体的统筹发展技术体系，研究县域城乡融合发展技术体系、农房和村庄建设现代化技术体系、小城镇人居环境整治技术体系、传统村落保护利用技术体系，研究产业与空间协同技术、适用于乡村的基础设施绿色建造技术与公共服务优化配置技术、现代宜居农房建造技术、农房建设信息化管理技术，有效提升县域综合承载能力和乡村发展水平。

专栏9　县城和乡村建设适用技术重点任务

1.美丽宜居乡村建设基础理论与方法。研究乡村演变规律、动力机制、发展模式、优化路径等美丽宜居乡村建设理论体系，研究完善县域乡村建设规划以及乡村建设相关标准、导则、指南，开展乡村美好环境与幸福生活共同缔造等方法与技术研究。

2.乡村建设评价技术。研究完善乡村建设评价的理论基础、指标体系、评价方法和标准体系，建立省-市-县-镇-村-房等不同尺度的多元数据库，构建多元数据分析与诊断模型，研发乡村建设智能化分析评估技术和乡村建设评价信息系统。

3. 县城和乡村人居环境建设技术。研究县城人居环境与生态建设空间布局模式、特色风貌塑造与保护提升技术，研究开展美丽宜居县城精细化管理及制度创新。研究村庄绿色宜居空间布局、人居环境改善、适宜性基础设施与公共服务建设关键技术。

4. 小城镇建设技术。研究小城镇基础设施与公共服务设施建设技术、宜居社区建设技术、人居环境整治关键技术、古镇保护传承与活化利用技术、小城镇有机更新与特色风貌塑造技术。

5. 县域城乡融合发展技术研究与示范。研究县城-镇-村融合高质量发展路径、指标体系和建设规划方法，研究镇村布局优化技术、产业-空间协同技术，研究以县域为单元统筹的城乡融合发展体系、服务体系和治理体系。

6. 县域污水垃圾城乡统筹治理技术。研究县域统筹推进城乡污水垃圾治理的技术方法和管理模式，研究适宜建制镇的污水治理模式，创新小型化、生态化、分散化的污水处理模式和处理工艺，研究小型化、分散化、无害化的农村生活垃圾处置技术。

7. 现代宜居农房和村庄建设现代化技术。研究现代宜居农房抗震设计和建造技术、农房安全性与宜居性提升技术、乡土材料与新能源利用技术、既有农房综合改造技术，研发农房综合防灾技术体系，构建区域农房安全动态监测系统。

8. 传统村落保护利用传承技术。构建传统村落数字博物馆等基础数据平台，研究传统村落系统保护与活态利用技术、民族村寨特色保护与功能提升技术、具备地域特色的乡村风貌保护与现代传承技术，研究传统村落中民居风貌保护、功能优化与性能提升技术。

四、创新体系建设

充分发挥各级住房和城乡建设主管部门科技创新组织协调作用，整合集聚创新资源和科技力量，健全"政府引导、企业主导、产学研深度融合"的住房和城乡建设科技创新体系，营造良好创新生态。

（一）加强科技创新平台建设

开展科技创新平台顶层设计，完善"项目+平台+人才"的建设模式，布局建设一批行业重点实验室和工程技术创新中心，推进科研院所、高校、企业等科研力量向住房和城乡建设科技创新领域集聚。建立科技创新运行机制和评估考核机制。建设一批科普基地，提高行业科普能力。

（二）增强企业创新能力

充分发挥企业在技术创新和成果转化中的主体地位，积极培育科技型领军企业，支持企业参与编制部门和地方科技发展规划，参与技术创新决策，开展产业共性关键技术研发应用。支持龙头企业联合科研院所、高校、产业园区、金融机构等力量，组建产业技术创新联盟等多种形式的创新联合体。

（三）加强创新团队建设和科技领军人才培养

制定适应住房和城乡建设发展需要的科技人才培养计划，设立住房和城乡建设部科技创新团队与创新人才支持专项，在重点领域建设一批结构优化、布局合理、素质优良的创新团队。依托高校重点学科、科技创新平台、重大科技项目和重大建设工程，培养一批战略科技人才、科技领军人才、青年科技人才。鼓励高等院校、科研机构和企业根据国家重大战略规划和市场需求，设置相关专业学科或专业部门。

（四）打造高水平住房和城乡建设行业专家智库

发挥住房和城乡建设部科学技术委员会及各专业委员会智库作用，为制定住房和城乡建设发展战略、规划和政策提供决策支撑。发挥专家在研判科技发展方向、谋划重点领域科技任务、综合绩效评价等方面的支撑作用。完善住房和城乡建设部科学技术计划项目专家库和评价机制，吸纳有责任担当和创新活力的中青年专家，增加企业技术专家数量和比重。加强科技管理人员培训。

（五）加大技术应用示范和成果推广

加强科技创新和业务工作的有机结合，创新"机制＋技术＋工程"的组织实施方式，建设零碳建筑、低碳城市、城市更新、新型城市基础设施、智能建造等一批科技示范工程。健全住房和城乡建设技术公告和技术目录等成果推广制度，完善住房和城乡建设领域科技成果库。推动建立标准化与科技创新、产业升级协同发展机制，引导市场资源和金融资本向住房和城乡建设科技成果转化聚集。

（六）构建高规格国际科技合作平台

依托"世界城市日"中国主场活动、中国国际园林博览会等，打造城乡建设领域高规格国际科技合作平台。结合"一带一路"倡议，鼓励科研院所和企业与沿线国家开展高层次、多形式的科技合作与交流，促进先进技术、产品和服务"走出去"。加强与国际标准化技术组织的沟通交流，鼓励企业参与国际科技合作和国际标准化工作，推动中国标准和科研创新成果转化为国际标准。

五、组织实施

（一）加强组织领导和工作协同

各级住房和城乡建设主管部门要建立协调推进规划实施的工作机制，加强协同联动，改进科技创新服务，推动规划任务落到实处。进一步完善部、省科技创新网络，整合科技资源配置，积极探索科技创新的市场化运作模式。加强政府部门、企业、高校、科研院所、金融机构等的工作协同，形成多渠道多元化联合资助研发体系。

（二）开展规划实施评估和宣传培训

开展规划实施情况的动态监测和评估，根据住房和城乡建设领域科技创新进展和经济社会需求新变化，动态调整规划指标和任务。加强宣传教育，对规划内容、专题研究成果等进行系统性培训，调动和增强社会各方面落实规划的主动性、积极性。积极宣传推广各地在科技创新发展中涌现的新机制、新模式、新做法，形成可复制、可推广的典型案例和先进经验。

（三）加强诚信建设和创新激励

加强科研诚信建设，弘扬科学家精神，对表现突出的创新团队和个人予以表扬。优化中国人居环境奖、国家建筑奖、全国工程勘察设计大师、全国优秀工程勘察设计奖、华夏建设科学技术奖、中国建筑工程鲁班奖、中国土木工程詹天佑奖等奖项评比的科技创新指标，激发创新活力。

参考文献

[1] 李勇坚.中小企业数字化转型阻力何在[N].经济日报，2022-06-18.

[2] 刘渊.着力推动数字经济持续健康发展[N].光明日报，2022-06-17.

[3] 安晖.加强网络安全建设促进产业数字化转型[J].网事焦点，2020（11）32-34.

[4] 李辉.企业数字化转型的机制、路径与对策[J].贵州社会科学，2021（10）21-30.

[5] 施南德，欧高敦，华强森.传统企业数字化转型的五大战略思考[J].哈佛商业评论，2021（10）30-32.

[6] 王永贵，汪淋淋.传统企业数字化转型战略的类型识别与转型模式选择研究[J].管理评论，2021（11）15.

[7] 李海舰，李凌霄.企业数字化转型呈现十大发展趋势[J].经济参考报，2021（9）7.

[8] 任建伟.传统企业数字化转型的战略思考[J].科学与财富，2021（3）5.

[9] 刘晨光.中小企业数字化转型蓝图[Z].

[10] 尹一丁.商业模式创新的四种方法[Z].

[11] 施文瑞.数字化转型基本指南[Z].

[12] 朱丹.站在战略高度认识和推动企业数字化转型[Z].

[13] 娄支手居.第四产业：数据业的未来图景[M].北京：北京中信出版集团，2022：288.